Rosemarie Nürnberg

ERGRIFFEN VON GOTT

Exerzitien mit Madeleine Delbrêl

Rosemarie Nürnberg

Ergriffen von Gott

Exerzitien mit Madeleine Delbrêl

VERLAG NEUE STADT
MÜNCHEN · ZÜRICH · WIEN

»Mehr Bäume, weniger CO_2« – weil jeder Beitrag wichtig ist.

MIX Papier FSC® C083411

CPI klimaneutral Mehr Bäume.Weniger CO_2

Neuausgabe 2025

Covergestaltung und Satz: Neue-Stadt-Grafik
Foto (Cover und S. 113): Archiv Madeleine Delbrêl
Druck: CPI books GmbH, Leck

Produktsicherheit: www.neuestadt.com/de/produktsicherheit.html
Verlag Neue Stadt, Münchener Str. 2, D-85667 Oberpframmern
verlag@neuestadt.com

ISBN 978-3-7346-1369-2

Printed in Germany

neuestadt.com

Vorwort

Madeleine Delbrêl gilt als „Pionierin des Glaubens in der säkularisierten Gesellschaft", man hat sie einen „Leuchtturm für die Kirche am Beginn des dritten Jahrtausends" genannt. Als Christin mit „atheistischer Vergangenheit" von Gott ergriffen, beschritt sie neue Wege, den Glauben konkret zu leben – mitten im Alltag. In dem vorliegenden Buch wird ihre Erfahrung lebendig – als Anstoß fürs eigene Leben mit seinen vielfältigen Fragen und Herausforderungen. Jedes Kapitel schließt mit Denkanstößen und mündet in ein Gebet: eine Einladung, nicht nur etwas *über* Madeleine, wie sie meist einfach genannt wird, zu erfahren, sondern sich *mit ihr* auf den Weg zu machen, sich selbst (neu) ergreifen zu lassen von der „Wirklichkeit des lebendigen Gottes". So kann die Lektüre zu einer Art von Exerzitien werden.

Die Klarheit der Sprache und die Direktheit der Ausführungen verdankt sich auch der Entstehungsgeschichte dieses Buches, das auf eine Vortragsreihe zurückgeht. Die Nachweise der zitierten Texte Madeleine Delbrêls, die immer wieder selbst zu Wort kommt, wurden in den Text eingebaut, um Fußnoten zu vermeiden.

* * *

In der vorliegenden Neuausgabe wurde auf eine Textgestaltung Wert gelegt, die dem Exerzitiencharakter entgegenkommt und immer wieder zum Innehalten einlädt. Schon viele Tausend Menschen haben in diesen Gedanken Nahrung für ihr inneres Leben gefunden. In den Unsicherheiten und Umbrüchen unserer Zeit, global, gesellschaftlich, auch kirchlich, ist solche Nahrung vielleicht wichtiger denn je: als Stärkung in einer Lebensrealität mit so vielen Herausforderungen und als Ermutigung, je neu auf die Kraft der Liebe zu setzen.

Verlag Neue Stadt

Inhalt

Vorwort 5

I – Suchend gefunden werden 9
Nüchternheit und Aufmerksamkeit 14
Begegnungen mit anderen Menschen 15
Der Entschluss zu beten
und eine überwältigende Erfahrung 17
Fragen an uns 22
Gebet 23

II – „Gott einen Ort sichern“ 25
Mitten in der Welt –
in Gemeinschaft mit anderen 27
Glauben und Lieben als Einfallstor Gottes 29
Verantwortung übernehmen –
stellvertretend für andere 31
Ganz bei Gott – ganz bei den Menschen 34
Fragen an uns 38
Gebet 39

III – „Rendezvous mit Christus“ 41
Gottes Wort einlassen in den Alltag 50
„Dann wird das Leben ein Fest“ 53

Fragen an uns ... 54
Gebet ... 55

IV – „Gebet in einem weltlichen Leben" ... 57
„Zeitstaub" ... 60
„Geschenkte Atemzüge" ... 67
Ums Beten beten ... 68
Fragen an uns ... 73
Gebet ... 74

V – Widrigkeiten als Chance ... 75
Die kleinen Widrigkeiten des Alltags ... 77
Erfahrungen von Einsamkeit ... 80
Eine „missionarische Aufgabe" ... 88
Fragen an uns ... 92
Gebet ... 93

VI – „Die Liebe ist unser Leben, das zum ewigen Leben wird" ... 95
Einbruch der Ewigkeit ... 97
Zeugen der Liebe, Zeugen Gottes werden ... 99
Güte als Gestalt der Liebe ... 105
Fragen an uns ... 110
Gebet ... 111

Anhang
Abkürzungen (zitierte Werke) ... 114
Weitere Literatur ... 115

I

SUCHEND GEFUNDEN WERDEN

„Das Leben ohne Gott ist die Hölle." So lautet das Resümee einer jungen Frau, nachdem sie zum Glauben gefunden hat. Im Nachhinein stellt sie fest: „Erst das Leben mit Gott ist wirkliches Leben." Ein authentisches Zeugnis aus unserem Land und unseren Tagen. – Durch die gesamte Geschichte des Glaubens hindurch haben Menschen solche Erfahrungen gemacht. Madeleine Delbrêl, nach Hans Urs von Balthasar „eine der bedeutendsten Frauen des 20. Jahrhunderts", gehört dazu.

Madeleine Delbrêl wurde 1904 in Südfrankreich geboren, 1964 starb sie kurz vor ihrem 60. Geburtstag im Pariser Vorort Ivry. Die Bekehrung, die sie als Atheistin mit zwanzig Jahren erlebte, beschreibt sie selbst als einen Übergang „vom Tod zum Leben". Denn „für den Ungläubigen wird das Leben selber vom Tod erschlagen … und alles, was der Hand Gottes entrissen ist, wird dem Tod ausgeliefert. Das Leben wird zur Vollendung des Todes. Alles ist vom Nichts und von der Absurdität befallen. Aber der Gläubige ist vom Tod zum Leben übergegangen, weil alles … dem Tod entrissen worden ist" (NK 173f).

Was hat diese Frau erlebt, dass sie so drastische Worte findet? – Anders als die eingangs genannte junge Frau, die in einem atheistischen Umfeld geboren und aufgewachsen ist, wurde Madeleine Delbrêl als Kind getauft und auch zur Ersten Heiligen Kommunion geführt; allerdings, wie auch heute so oft, nur auf Betreiben der Großmutter, denn ihre Eltern waren keineswegs religiös. Schon bald nach dem Umzug nach Paris ging bei ihr der so gelegte Keim des Glaubens unter dem Einfluss atheistischer Freunde ihres Vaters verloren. „Mit fünfzehn war ich strikt atheistisch und fand die Welt täglich absurder" (NK 263), sagt sie.

Mit knapp achtzehn (1922) schreibt sie einen Text mit dem Titel: „Gott ist tot - es lebe der Tod" (NK 42–44). Darin preist sie die Allmacht des Todes, die in ihren Augen die Allmacht Gottes ersetzt hat: „Gott dauerte, jetzt dauert allein der Tod; Gott war allmächtig; jetzt wird der Tod mit allem und allen fertig."

Die Sinnlosigkeit des Ersten Weltkriegs mit vielen Millionen Toten, die Schrecken der unmittelbaren Nachkriegsjahre, in denen man immer wieder Menschen begegnete, die verstümmelt und entstellt waren, all das kommt in diesen Worten zum Ausdruck.

Das Studium der Philosophie, Geschichte und Kunst an der Pariser Sorbonne bringt ihr keine Antwort in ihrer Suche nach Sinn. Scharf und in aller Konsequenz durchdenkt und durchlebt sie den neuzeitlichen Atheismus und Nihilismus: „Gott“ ist für sie „im 20. Jahrhundert absurd und mit der gesunden Vernunft ... unvereinbar“ (Auftrag 193). Madeleine beschreibt „die Leute, die sich amüsieren, die die Zeit totschlagen, bis schließlich die Zeit sie totschlägt ... Ich gehöre dazu“ (NK 43). So stürzt sie sich in den Trubel der frühen Zwanzigerjahre.

Eine Jugendfreundin berichtet von damals: „Sie hatte in ihrer Lebensweise eine Freiheit, die zu der Zeit ganz und gar ungewöhnlich erschien. ... Sie war originell, sie richtete sich niemals danach, was man machte, was man sagte, was man dachte ... Sie glaubte an nichts, an rein gar nichts“ (nach Schleinzer I, 112, Anm. 20).

Doch Lebenslust auf der einen und Verzweiflung auf der anderen Seite sind bei ihr, wie bei vielen Menschen in einer solchen Verfassung, nur durch eine dünne Haut voneinander getrennt: Als „fröhlich und ziemlich verrückt“ gilt sie daher bei den einen, als „bekümmert und schwermütig“ bei den anderen. In beidem äußert sich eine innere Qual angesichts der Sinnlosigkeit eines Lebens, das sich ins Nichts zu verlieren scheint.

Als Madeleine nach ihrer Bekehrung einmal verständlich machen will, in welch qualvollen Abgründen sich die Seele eines ungläubigen Menschen befindet, der sich Gedanken macht und nicht einfach in den Tag hineinlebt, schildert sie ihre eigenen Erfahrungen als Ungläubige; sie können uns auch heute zu denken geben:

„Der Gläubige kann sich nicht vorstellen ..., was das für Ängste sind, von denen der ungläubige Mensch in wahnsinnigen Steigerungen befallen wird, wenn er diese Ängste nicht in den Zusammenhang einer allmächtigen Weisheit einordnen kann (also, wenn er nicht an einen sorgenden, fürsorgenden Gott glauben kann) ... Der Gläubige, auch der Schwache [auch wenn er zweifelt], ist nie vollkommen allein, ohne jede Hilfe. Der Ungläubige kennt die Einsamkeit im Reinzustand, eine unmenschliche Einsamkeit." Und das begründet sie: „Denn er ist der Beziehung beraubt, die am allerwesentlichsten zu ihm gehört."

Dann beschreibt sie die Mentalität eines ungläubigen Menschen:

„Wir kennen ihn oft schlecht, den Menschen, der, bewusst oder nicht, als einer lebt, der ohne Gott ist. Wir wissen zwar, was er nicht glaubt, verkennen aber den Unterschied, den sein Nicht-Glauben zwischen seiner Denkart und der unseren setzt. Deshalb stehen wir oft wie ratlos vor seiner Mentalität, zu der wir keinen Zugang haben. Ein

Konvertit ist sich dieser Unterschiede bewusst. Denn seine Bekehrung markiert ein ‚Vorher' und ein ‚Nachher', weil er vom Tod zum Leben übergegangen ist, weil alles … dem Tod entrissen worden ist" (NK 173). Hier beschreibt sie sich selbst. Denn die Begegnung mit Gott erfährt sie als Geburt zu einem neuen Leben, zu Gott, dem „Leben allen Lebens" (NK 238).

„Als ich zwanzig war (1924), folgte auf eine vernünftige religiöse Suche eine heftige Konversion" (NK 263). – Über diese „vernünftige" Suche spricht sie sehr wenig. Ich will dennoch versuchen, einige Elemente aufzuzeigen.

Nüchternheit und Aufmerksamkeit

Da ist zum einen ihre große Nüchternheit und Aufmerksamkeit gegenüber der Realität. Lieber will sie „hundert noch verzweifeltere Welten" aushalten, als in irgendeiner Weise „Religion … als Trostmittel" zu akzeptieren. Deshalb misstraut sie auch allem, was ein „selbstgemachtes religiöses Gefühl" sein könnte, das doch nur die Leere und Verzweiflung des Herzens betäuben soll (VM 223). Wenn sie in dieser Situation die Existenz Gottes so energisch leugnet, dann ist das nur die Kehrseite ihres verzweifelten Verlangens nach einer Wahrheit, die sie als Wirklichkeit anerkennen kann; dieses Verlangen will aber lieber ungestillt bleiben, als sich etwas vorzumachen, was mit der Vernunft unvereinbar ist.

Begegnungen mit anderen Menschen

Die entscheidenden Ereignisse auf dem Weg zum Glauben, zur Begegnung mit Gott, sind zwei Begegnungen mit anderen Menschen.

Da ist zunächst die Liebe zu dem Studenten Jean Maydieu. Er ist überzeugter Christ und wäre gern in einen Orden eingetreten, beugt sich aber den Vorstellungen seines Vaters, der ihn als Ingenieur sehen will. Die unwiderstehliche Faszination zwischenmenschlicher Liebe verändert Madeleines Leben von Grund auf. Doch kurz nach der Verlobung folgt Jean Maydieu seiner ursprünglichen Berufung und tritt in den Dominikanerorden ein. Seine Entscheidung erschüttert Madeleine zutiefst, sie wird schwer krank. Hatte sie doch für eine kurze Zeit in der Liebe zu diesem Mann ein wunderbares Ja zum Leben erfahren, einen sinnerfüllenden Inhalt, so scheint ihr jetzt alles absurd. Sie fühlt sich von dem Mann, den sie liebt, im Stich gelassen für etwas, das für sie keine Realität hat und überhaupt nicht existiert: um Gottes willen! Erneut versinkt sie in die Tragik des menschlichen Daseins, in Fragen, auf die sie keine Antwort weiß. „Mein Mund ist blutig, und ich habe Salz gegessen“ (zitiert nach Schleinzer I, 81), mit diesen Worten beginnt eines ihrer Gedichte aus dieser Zeit.

Doch die Bekanntschaft mit jungen, überzeugten Christen wirkt nach: In ihr verändert sich etwas. Sie spürt es selbst, nimmt es aufmerksam wahr. Und sie lässt nicht locker, herauszufinden, was dies bedeutet. Dabei stellt sie fest, dass sich ihre bisherige Grundfrage: „Wie lässt sich beweisen, dass Gott nicht existiert?“, verwandelt hat in die Frage: „Existiert er vielleicht doch?“

Sie erklärt: „Zwischen diesen beiden Fragen hatte sich etwas ereignet: Ich war mehreren Christen begegnet, die weder älter noch dümmer … waren als ich, die das gleiche Leben führten wie ich, so viel diskutierten und tanzten wie ich. … Sie bewegten sich frei in all dem, was für mich wirklich war. Aber sie brachten etwas mit, das ich ihr Wirkliches nennen musste. Ihr Reden und Tun bezeugte Gott immer wieder als etwas Wirkliches, und was für ein Wirkliches!“, erklärt Madeleine. Und voll

Staunen fügt sie hinzu: „Sie redeten über alles, aber auch über Gott, der ihnen unentbehrlich zu sein schien wie die Luft. ... Hätten sie Christus einen Stuhl hingeschoben, er wäre nicht lebendiger gegenwärtig gewesen." Das beeindruckt Madeleine enorm: Gott ist für die jungen Christen eine Wirklichkeit.

„Als ich sie im Lauf von Monaten immer häufiger traf, konnte ich Gott ... nicht mehr guten Gewissens als absurd behandeln", sagt sie und fügt dann ehrlich hinzu - und dies zeigt wieder ihre große Wahrhaftigkeit gegenüber der Realität: „Wenn ich aufrichtig sein wollte, durfte ich Gott, der (jetzt für mich) nicht mehr strikt unmöglich war, auch nicht so behandeln, als ob er ganz gewiss nicht existierte" (Auftrag 192–194).

Der Entschluss zu beten und eine überwältigende Erfahrung

Sie tut etwas völlig Überraschendes: „Ich entschloss mich zu beten." Sie setzt ein Wort der hl. Teresa von Avila in die Tat um, das diese jungen Christen einmal erwähnt hatten: „Wenn du nicht weißt, ob es Gott gibt, dann knie jeden Abend nieder und bete fünf Minuten zu ihm. Dann wird es sich herausstellen."

Madeleine berichtet: „Ich tat es an jenem Tag und an vielen anderen Tagen, ohne auf die Uhr zu blicken. Dann habe ich, lesend und nachdenkend, Gott gefunden, aber indem ich betete, habe ich geglaubt, dass Gott mich gefunden hat und dass er lebendige Wirklichkeit ist und man ihn lieben kann, wie man eine Person liebt" (ebd. 194).

Das ist ihre überwältigende Erfahrung: Gott lebt! Gott ist Wirklichkeit, lebendige Wirklichkeit! Man kann ihn lieben, wie man eine Person liebt! Gott ist Jemand! Gott ist ein Du! Diese Entdeckung bringt Madeleine immer wieder zur Sprache.

„Für den Glaubenden ist Gott nicht der schönste Einfall der Menschen, nicht ihr erhabenster Gedanke, nicht ihr wunderbarstes Ideal. Gott ist für ihn überhaupt nicht irgendetwas, er ist *Jemand*. Unvergleichlich intensiver als ein Mensch, der sagt: ‚Ich bin Paul', oder: ‚Ich bin Jean', sagt Gott: ‚Ich bin.' Unvergleichlich stärker als jeder, der lebt, ist er der Lebendige" (Frei 151).

„Dass Gott *Jemand* ist, ist für mich die beste Übersetzung von ‚Ich glaube an Gott'" (NK 180). Das sagt sie, die eine Zeit lang damit beschäftigt war, zu beweisen, dass Gott nicht existiert. „Ich glaube an Gott" ist die beste Übersetzung für „Gott ist Jemand". Aber nicht, weil sie jetzt die Existenz Gottes beweisen könnte, sondern weil in ihr etwas geschehen ist.

Reinhold Schneider drückte es einmal so aus: „Keiner glaubt an Gott, weil er seine Existenz beweisen könnte, sondern weil Gottes Wirklichkeit in ihm geschehen ist."

Gottes Wirklichkeit ist in Madeleine „geschehen": Sie erfährt, besser: ihr *widerfährt* die Wirklichkeit Gottes, die lebendige Wirklichkeit seines Seins. Und diese Wirklichkeit, so geht ihr auf, ist Liebe. „Gott ist Liebe, weil er dreieinig ist" (Frei 82), und zugleich ist er ein Du, das man wirklich lieben kann, wie man eine Person liebt.

Das ist für sie, die Wirklichkeitsliebende, die Realistin, von ausschlaggebender Bedeutung. Sie erkennt es nicht rational, sondern erfährt es existenziell. Dies geschieht in dem Moment, in dem sie sich lesend und nachdenkend nach Gott ausstreckt, in dem Moment, in dem sie betend Gott sucht: Da wird sie von ihm gefunden.

So begegnen sich der Mensch, der nach Gott sucht, und Gott, der nach dem Menschen sucht. Johannes vom Kreuz sagt: „Mein Herr und mein Gott! Wer dich mit reiner und schlichter Liebe sucht, warum sollte er dich nicht finden, ganz wie er es wünscht und ersehnt? Bist du es doch, der sich als Erster auf den Weg macht, um denen zu begegnen, die dich finden wollen“ (Weisungen 2).

Gott ergreift die Initiative; er ist es, der sich auf den Weg macht und dem Menschen, der bereit, offen ist, sich ausstreckt nach ihm, entgegenkommt. Der Mensch muss es nur wollen, er muss es ersehnen. Alles andere tut Gott. Madeleine wollte es und ersehnte es; deshalb betete sie, um Klarheit zu finden, ob es Gott gibt oder nicht. „Ohne auf die Uhr zu schauen“, wie sie sagt. Ungeduld könnte alles verderben.

„Wenn du nicht weißt, ob es Gott gibt, dann knie jeden Abend nieder und bete fünf Minuten zu ihm. Dann wird es sich herausstellen.“

Diese Empfehlung ist wertvoll. Denn wer könnte nicht selbst eines Tages unsicher werden? Viele Gläubige kennen solche Zeiten, durchleben sie vielleicht gerade. Wer kennt nicht die Frage: Ob das wohl alles so stimmt? Ob es Gott wirklich gibt? Solche Fragen stellen sich umso mehr in einer Zeit und Umgebung, wo viele Menschen ganz gut ohne Gott zurechtzukommen scheinen: „Ich glaube an nichts, und mir fehlt nichts!“

Manch einer, womöglich auch aus dem eigenen Freundes- und Bekanntenkreis, denkt ähnlich. Und manch einer hat doch seine tiefen Fragen und zweifelt vielleicht am eigenen Glauben bzw. Unglauben, deckt aber die Fragen zu oder bringt sie zum Schweigen. Es gibt ja die vielfältigsten Möglichkeiten, sich abzulenken und zu zerstreuen …

Von Madeleine Delbrêl können wir lernen, diese Anfragen ernst zu nehmen und wachzuhalten. Fragen zulassen und uns jeden Tag ein wenig Zeit zu nehmen, um darüber nachzudenken: Auch dies ist eine Form, *Gott* ernst zu nehmen. Wenn es nicht jeden Tag möglich ist, dann einmal in der Woche oder in einem anderen Rhythmus – solches regelmäßige und beständige Nachdenken ist schon Beten.

Wer ein „förmliches Gebet" zu Gott, der ein „Jemand", ein Du ist, nicht oder noch nicht oder nicht mehr sprechen kann, könnte es ja einmal mit einer Einleitung wie dieser versuchen: „Gott, wenn es dich gibt …"

Teresa von Avila war überzeugt: Wenn einer die Nähe Gottes sucht, ja, die Nähe Gottes aushält – „zulässt, dass er da ist", wie sie sagt (denn Gott ist immer da, wir sollen ihn nur in unser Leben einlassen, uns seiner Gegenwart bewusst werden) –, wenn einer dies tut, dann geschieht etwas mit ihm, dann wird er von selber gut, auch wenn er nur zerstreut bei Gott verweilen kann, „wie ich früher“, wie Teresa ehrlich gesteht.

* * *

Fragen an uns

Kann ich mich darauf einlassen, dass Gott da ist? Oder „dass er vielleicht doch ‚ist‘“?

Ist Gott für mich eine Wirklichkeit, eine lebendige Wirklichkeit? Gibt es Momente in meinem Leben, in denen ich den Eindruck hatte oder habe: Ja, Gott ist da!?

Suche ich seine Nähe?

Ist Gott für mich *Jemand,* ein Du, den man lieben kann, „wie man eine Person liebt“?

Nehmen wir diese Fragen mit in unseren Alltag, in einen ruhigen Moment des Tages. Die Erfahrung Madeleine Delbrêls kann uns dabei begleiten.

Gebet

„O mein Herr und Gott!
Wer dich mit reiner und schlichter Liebe sucht,
warum sollte er dich nicht finden,
ganz wie er es wünscht und ersehnt?
Bist du es doch,
der sich als Erster auf den Weg macht,
um denen entgegenzueilen und zu begegnen,
die dich finden wollen."

(Johannes vom Kreuz, Weisungen 2)

Madeleine Delbrêl hat erfahren, dass sie,
dich suchend, von dir gefunden worden ist.
Wir danken dir, Vater,
dass du auf der Suche nach uns,
nach einem jeden von uns bist.

Gib, dass wir uns von dir suchen lassen
bis auf den Grund unseres Herzens!
Schenke uns, dass wir uns finden lassen,
damit wir neu werden
und immer wieder einen neuen Anfang wagen!

Durch Jesus Christus,
unseren Herrn und Gott.

II

„GOTT EINEN ORT SICHERN“

Betrachtet man die Luftaufnahmen alter Städte, erkennt man nicht selten, wie die Straßen quasi von einem äußeren Kreis her auf eine Mitte zulaufen: auf die Kirche, vielleicht auf den Dom. Und wer alte Chroniken studiert, weiß, wie oft die Gotteshäuser Zerstörungen und Bränden anheimfielen. Doch hat dies frühere Generationen nicht davon abhalten können, ihr Gotteshaus immer wieder neu, größer und schöner zum Lob und zur Ehre Gottes aufzubauen. Sie wollten Gott Raum geben, sie wollten „Gott einen Ort sichern“ in ihrer Stadt.

„Gott einen Ort sichern“ - das war auch das Anliegen von Madeleine Delbrêl: ihr Herzensanliegen.

Ihre Bekehrung vom Atheismus zu einer innigen Gottverbundenheit beschrieb sie mit den Worten: „Ich war von Gott überwältigt worden.“

Und im Alter von fast 60 Jahren, kurz vor ihrem überraschenden Tod, fügte sie hinzu: „Ich bin es noch!“ (NK 266).

Sie ist überwältigt von Gott, der die Liebe ist und den man lieben kann, wie man eine Person liebt. Das ist ihre Erfahrung - eine Erfahrung, die nachklingt und immer wieder neu lebendig geworden ist. Es ist dieser faszinierende, ergreifende, geheimnisvoll-nahe Gott, dem sie einen Ort sichern will. Mit der Hingabe ihrer ganzen Person möchte sie dieser Liebe Gottes, die sie so überwältigend erfahren hat, antworten und ihrer leidenschaftlichen Liebe zu Gott Gestalt geben.

Zunächst verspürt sie den Wunsch, in den Karmel einzutreten. Dort will sie Gott „freiwillig … angehören, so sehr es einem menschlichen Wesen überhaupt nur möglich ist, dem gehören zu wollen, den es liebt“ (vgl. Boismarmin 34). Doch nach einer Zeit der Zurückgezogenheit, der Besinnung und Anbetung spürt sie immer deutlicher, dass dies nicht ihre Berufung ist.

Mitten in der Welt – in Gemeinschaft mit anderen

Madeleine Delbrêl erkannte, dass ihr Platz mitten in der Welt ist. Dort will sie ihr Leben Gott weihen und alles daransetzen, dass „der, den sie so sehr liebt, bekannt wird und geliebt wird“ (Brief 1956, zitiert nach Boehme I, 27). Sie will es nicht allein tun, sondern zusammen mit anderen, in Gemeinschaft.

Madeleine selbst hatte ja durch den Kontakt mit einer Gruppe von jungen, begeisterten Christen die Wirklichkeit Gottes erfahren und Gott als „das größte, umwerfende Glück" (NK 237) entdecken können. Nun will sie ihrerseits anderen Menschen die Chance bieten, diesem beglückenden Gott zu begegnen, indem sie mit Gleichgesinnten zusammenlebt. Dazu äußert sie sich unmissverständlich: „Uns interessiert nicht die Eroberung der Welt. Was uns interessiert, ist, dass jeder Mensch, so wie wir, dem von uns geliebten Gott begegnen kann, der jeden Menschen zuerst geliebt hat" (Auftrag 105).

Sie ist überzeugt: „In Gemeinschaft leben heißt, für die Welt … die Gegenwart Jesu sicherzustellen, gemäß seinem Wort: ‚Wo zwei oder drei in meinem Namen beisammen sind, bin ich mitten unter ihnen.' Ein Gemeinschaftsleben, das in vollkommener Liebe gelebt wird, ist wie ein Streichholz, auf das man nicht verzichten kann, wenn man ein Feuer anzünden will unter den Menschen" (Frei 20).

Mit zunächst nur zwei Gefährtinnen versucht Madeleine im Pariser Arbeitervorort Ivry als Sozialarbeiterin, „für jeden das zu sein, was Christus war" (Frei 34). Nach einer entsprechenden Ausbildung, die sie mit einer preisgekrönten Abschlussarbeit beendet, hat sie dort im Jahr 1933 eine Stelle angenommen. Sie weiß nicht, dass sie in ein kommunistisch-atheistisches Milieu gerät. Ivry war die erste kommunistische Stadt Frankreichs, gleichsam die Hochburg des Marxismus (NK 19). Doch ihre Devise lautet: „Gott hat nie gesagt, du sollst deinen Nächsten lieben wie dich selbst - ausgenommen die Kommunisten, ausgenommen die Atheisten, die Ungläubigen!“ So bleibt sie ganz bewusst dort. Sie will dort, unter den Ungläubigen, „Gott einen Ort sichern“ (Frei 14) – durch die gelebte Liebe. Denn sie ist zutiefst überzeugt: Dort, wo man glaubt und liebt, entsteht eine „Insel göttlicher Anwesenheit“ (Frei 14).

Glauben und Lieben als Einfallstor Gottes

Dies ist ein erster Aspekt: Wo im Glauben und im Lieben das Innerweltliche überstiegen, die Transzendenz, Gott, der die Liebe ist, erreicht wird, bietet sich für Gott ein Einfallstor in die Welt, da ist Gott in der Welt.

Bei meiner seelsorglichen Aufgabe in Köln besonders für Ordensfrauen hat sich gezeigt: Für viele von ihnen - gerade auch für die älteren Schwestern - ist dieser Gedanke von existenzieller Bedeutung. Einfach allein schon durch ihr Leben in Gemeinschaft können sie sich verstehen als eine „Insel göttlicher Anwesenheit“, auch wenn der Radius des aktiven Arbeitens immer kleiner wird.

Dieser Aspekt betrifft aber auch jedes andere Leben in Gemeinschaft, jede Ehe und wahre Freundschaft, die Familie und die Pfarrgemeinde. Wie wichtig sind heute solche „Inseln göttlicher Anwesenheit“!

Wir brauchen uns nichts vorzumachen. Auch wenn wir uns heute keinem militanten Kommunismus oder Atheismus gegenübersehen wie damals Madeleine Delbrêl, befinden wir uns doch in einer Zeit der Gottvergessenheit und -gleichgültigkeit.

Das hatte Madeleine Delbrêl übrigens vorausgesehen, wenn sie geradezu prophetisch behauptete: Der Kommunismus sei zwar derzeit noch erfolgreich, im Letzten aber überholt, denn „sein Keim und seine Lehre sind gestrig“. Zugleich weist sie auf das eigentliche Problem hin, den „Atheismus des Schweigens“, wie sie sagt: „Lautlos naht der Kirche eine Grundgefahr: die Gefahr einer Zeit, einer Welt, in der Gott nicht mehr geleugnet, nicht mehr verfolgt, sondern ausgeschlossen, in der er undenkbar und verschwiegen wird …“ (NK 233).

„Atheismus des Schweigens“: Das betrifft unsere gegenwärtige Situation, vielleicht nicht überall so gravierend, aber doch an vielen Orten in Deutschland und Europa.

Wenn ich zuvor betonte, wie notwendig Gemeinschaften, besonders auch Familien als „Inseln göttlicher Anwesenheit“ sind, müssen wir bei realistischer Betrachtung feststellen: Auch die Familien, die nach außen sichtbar eine Gemeinschaft von Glaubenden darstellen, werden immer weniger. Umso wichtiger ist jeder und jede Einzelne, sind Menschen, die glauben und lieben! Denn durch den, der glaubt, durch den, der liebt, ist Gott da, mag die Welt noch so gott-vergessen, gott-los oder gar gott-feindlich sein. Denn durch die Liebe ist Gott ein Ort gesichert.

Verantwortung übernehmen – stellvertretend für andere

Madeleine Delbrêl ist überzeugt: Jeder und jede Einzelne - ob gesund oder krank, jung oder alt - hat eine unentbehrliche, unersetzbare Verantwortung für andere. Immer wieder, und dies ist ein zweiter Aspekt, betont sie den stellvertretenden Charakter des Glaubens: „Hier um der Liebe Gottes willen - weil er Gott ist –, und um der Liebe zu den Menschen [die nicht glauben können] willen ... in aller Entschiedenheit ein glaubender Mensch sein, das heißt das Gegengewicht zum

Unglauben (Atheismus) auf sich nehmen, das heißt, sich der allerdringlichsten apostolischen Aufgabe … zur Verfügung stellen, nämlich der Stellvertretung“ (Auftrag 159).

Denn sie ist überzeugt, dass der Glaube einem immer auch für die anderen Menschen „verliehen“ ist (vgl. NK 175). Immer wieder taucht dieser Gedanke auf: „Auch wir können sagen: ‚Einer für alle‘. Jeder von uns erhält den Glauben für alle“ (NK 270).

Mit jedem seiner Brüder und Schwestern verbunden, will „der Christ einer von ihnen sein …, ein von allen Beauftragter, ein Glaubender vor Gott für alle“ (Auftrag 163). Wir sind zwar von geringer Bedeutung“, sagt Madeleine, „und doch haben wir eine Aufgabe, die uns übersteigt …: nämlich Gott für uns und für alle verherrlichen zu dürfen.“ Dann wiederholt sie wörtlich, weil es ihr so wichtig ist: So erhält jeder seine Aufgabe, „ein von allen Beauftragter, ein Glaubender [zu sein] vor Gott für alle“ (vgl. Auftrag 157-159).

Diesen Auftrag eines jeden Christen, *ein Glaubender zu sein vor Gott für alle,* vergleicht Madeleine mit der Bestimmung des Gottesknechts im Alten Testament. In ihm erneuert Gott den Bund, das heißt die Zusage seiner unabänderlichen Liebe. Er steht stellvertretend für das Volk Israel und für alle Völker, für die ganze Menschheit.

Madeleine zitiert die Worte des Propheten Jesaja: „Ich, der Herr, habe dich aus Gerechtigkeit gerufen, ich fasse dich an der Hand. Ich habe dich geschaffen und dazu bestimmt, der Bund [der Mittler] für mein Volk und das Licht für die Völker zu sein: blinde Augen zu öffnen, Gefangene aus dem Kerker zu holen und alle, die im Dunkel sitzen, aus ihrer Haft zu befreien“ (Jes 42,6f).

Dazu erklärt Madeleine geradezu kühn: „Das müssen wir *heute* hören, in unserer Gegenwart, in unserer historischen Lage, in unserem Alltagsleben, in unserem konkreten Dasein …“ Gott hat einen Bund mit uns geschlossen, der von uns gelebt werden will - dergestalt, dass wir liebende Menschen werden, „jeden Tag …, an der Stelle, an die wir gesetzt sind, unter den Menschen, die wir kennen“ (NK 197). Wir sollen Boten der befreienden Liebe Gottes werden und den anderen diese Liebe vermitteln, hier und heute, da, wo wir leben.

Es ist eine große Aufgabe, die Madeleine Delbrêl uns vor Augen stellt, ein Auftrag, der uns zurückschrecken lassen mag. Sie weiß, wie sehr es dabei darauf ankommt, selbst von Gott ergriffen zu sein. Es ist die „Leidenschaft für Gott“, die uns dazu bringt: Wer „von dieser Leidenschaft beseelt“ ist, „fühlt, wie in ihm die Leidenschaft wächst, Gottes väterliche Güte nachzuahmen durch eine immer intensivere, immer echtere Liebe zu den Menschen“ (NK 194).

Ganz bei Gott – ganz bei den Menschen

Das Vorbild ist Jesus selbst. Auf seine Worte im Evangelium, auf keine andere Regel, beruft sich die kleine Gemeinschaft um Madeleine Delbrêl, die sich zunehmend vergrößert. Im Evangelium findet sie ihr Lebensmodell: das Leben Jesu selbst, die Art und Weise, wie er gelebt hat – ganz bei Gott und zugleich ganz bei den Menschen.

Das wird ihre eigene Maxime: *ganz bei Gott und zugleich ganz bei den Menschen.* „Denn der Herr hat uns gerufen, damit wir immer mit ihm sind und allen – der ganzen Welt und denen, die uns gerade begegnen – das tun, was *er* ihnen tun möchte“ (frei nach Schleinzer I, 123). So wollen wir „ein Leben einfacher, mitreißender und geschwisterlicher Liebe leben; … [wir wollen] miteinander versuchen, die zu verstehen, die das Licht des Glaubens nicht haben, … ihnen zu helfen … und ihnen das zu geben, was Gott ihnen durch uns geben will" (NK 97).

Madeleine unterscheidet ihre spezielle Berufung – bewusst eine Gemeinschaft von Laien, ohne Gelübde, ohne Klausur – von der Ordensberufung. Diese erschien in der damaligen Zeit, vor dem Zweiten Vatikanischen Konzil, vielen Frauen als die einzige Möglichkeit, ein tiefes geistliches Leben zu führen. Entweder man „verließ die Welt", um „geistlich" zu leben, oder man „blieb in der Welt" und lebte „weltlich". Madeleine Delbrêl lebt etwas völlig Neues: Sie lebt „geistlich", aber in der Welt.

Sie erklärt: „Es gibt Leute, die Gott nimmt und beiseite stellt" – das sind diejenigen, die in einem Kloster leben. „Und die Klöster sind als Orte des Lobpreises und des Schweigens unentbehrlich." Daneben gibt es „die anderen, es sind die Leute, die (Gott) in der Masse lässt, die zieht er nicht ‚aus der Welt zurück'. Es sind Leute, die eine gewöhnliche Arbeit verrichten, die gewöhnliche Verheiratete oder gewöhnliche Unverheiratete sind. … Leute, die eine gewöhnliche Wohnung und gewöhnliche Kleider haben. Es sind Leute des gewöhnlichen Lebens. Leute, die man in einer beliebigen Straße antrifft" (NK 49).

Dann wird sie persönlich: „Wir sind Leute, die die Straßen als ihr Zuhause gewählt haben, …

die ihre Begegnungen nicht selber aussuchen, den Weg zu diesen oder jenen anderen Menschen nicht selber wählen, sondern die annehmen, was Gott ihnen schickt. Was und wen“ (zitiert nach Schleinzer II, 48).

Und auch hier gilt „einer für alle“: So „schreiten unsere Füße auf der Straße, aber unser Herz schlägt in der ganzen Welt“ (NK 52).

„Auf der Straße“, also im ganz normalen, ja oft banalen Alltag verwirklichen sie, Madeleine und ihre Gemeinschaft, ihre Berufung: „Wir Leute von der Straße glauben aus aller Kraft, dass diese Straße, dass diese Welt, auf die uns Gott gesetzt hat, für uns der Ort unserer Heiligkeit ist“ (NK 49). Denn sie ist überzeugt: „Nicht unsere Berufung macht die Heiligkeit aus, sondern die Treue, mit der wir ihr folgen“ (Boismarmin 78).

Für Madeleine heißt das, „Christus in einer bedingungslosen Verfügbarkeit für das Anliegen des Evangeliums“ zu folgen (NK 19). Und dies ist das eine Gebot der Liebe zu Gott und zum Nächsten. Diese Liebe ist die „Erfüllung von Gesetz und Propheten“, wie Jesus betont.

„Die Liebe ist unteilbar“, sagt Madeleine. „Die Nächstenliebe ist wie eine Brücke. Mit einem einzigen Bogen verbindet sie Gott und die Menschen.

Dieser Bogen kann nicht aufgeteilt werden. Er ist eine Einheit, wie eine ‚Hin- und Rückfahrkarte'“ (Liebe 66). „Lernen wir, dass es nur EINE Liebe gibt“ (Georgens 7). „Gottes Wille ist die Liebe, und man kann ihn nur lieben, wenn man die Menschen liebt“ (zitiert nach Schleinzer I, 15). Auch hier ist wieder Jesus das Vorbild. Er ist die fleischgewordene Liebe Gottes selbst. Diesem Gott, der die Liebe ist, will sie einen Ort sichern – ganz konkret, dort, wo sie lebt, unter denen, die nicht glauben, unter denen, die sich für Gott nicht interessieren, unter denen, die „mit dem Namen Gottes Rache oder gar die Pflicht zu Hass und Gewalt verbinden“, so möchte man ergänzen, wie es Benedikt XVI. in seiner Enzyklika „Deus caritas est – Gott ist die Liebe“ ausdrückt (Kap. 1). Gerade heute gilt es, die Botschaft „Gott ist die Liebe“ neu ins Bewusstsein zu rufen, zu bedenken und zu bezeugen.

* * *

Fragen an uns

Welche Konsequenzen hat es für unser Zusammenleben, für unsere Gesellschaft, unsere Welt, dass Gott Liebe ist?

Was bedeutet es für mich in meiner Lebenssituation, in meinem konkreten Umfeld: Gott, der mich erschaffen hat, ist Liebe; er hat mich aus Liebe erschaffen und zur Liebe bestimmt; es gibt nur EINE Liebe!?

Was bedeutet für mich, dass ich „ein Glaubender sein darf - vor Gott für alle“, also auch ganz besonders für die Menschen, die mir nahestehen, die ich liebe, die vielleicht - aus welchen Gründen auch immer - nicht oder nicht mehr glauben?

Bin ich mir bewusst, dass dort, wo ich glaube, wo ich liebe, Gott ein Ort gesichert wird - auch wenn mein Glaube schwach und meine Liebe unzulänglich ist?

* * *

Gebet

Dreifaltiger Gott!
Du bist die Liebe.
Du hast uns aus Liebe erschaffen
und zur Liebe bestimmt.
Wir danken dir,
dass du uns immer wieder
deine zuvorkommende Liebe schenkst.

Wir bitten dich:
Gib uns, dass wir sie annehmen
und daraus leben können,
dass wir uns ergreifen lassen
von der Liebe zu dir,
dass wir uns neu begeistern lassen
für dich.
Mach uns zu Zeugen und Boten deiner Liebe,
da, wo wir leben,
mitten im Alltag, zu Hause, im Beruf,
unter den Menschen, die wir kennen,
die uns nahestehen,
die uns in irgendeiner Weise
zu „Nächsten“ werden.

Vater, gib uns dazu deinen Heiligen Geist
durch Jesus Christus, unseren Herrn.

III

„RENDEZVOUS MIT CHRISTUS“

„Wir wollen den Herrn lieben, und wir lieben ihn ja auch wirklich“, sagt Madeleine Delbrêl. Wie ist es, wenn wir ehrlich sind, um unsere Liebe bestellt?

Madeleine wird da ganz konkret: Stellen wir uns zwei Menschen vor, die einander lieben und zusammen sein wollen, aber durch irgendwelche Umstände getrennt und zum Schreiben genötigt sind. Beobachten wir, welch zentralen Platz die tägliche Post für sie einnimmt. Schauen wir zu, wie sie nach ihren Briefen greifen und sie wie einen Schatz davontragen.

Heute ist die Zeit des Briefeschreibens im Großen und Ganzen wohl vorbei - leider, möchte ich fast sagen.

Welch großartige literarische Zeugnisse gibt es doch! Briefe, die beispielsweise in extremen Situationen verfasst wurden, etwa im Gefängnis, wie von Alfred Delp oder die dort verfassten Liebesbriefe von Dietrich Bonhoeffer, die „Brautbriefe Zelle 92“ an seine Verlobte Maria von Wedemeyer.

Die Form hat sich inzwischen geändert. Heute würde Madeleine vielleicht sagen: Schauen wir zu, wie sie ihre Social-Media-Nachrichten „checken“. Wir haben die jungen Leute vor Augen, wie sie durch die Straßen eilen, mit dem Handy in der Hand, oder wie sie es unvermittelt aus dem Rucksack, der Hosen- oder Jackentasche zücken … Das Medium mag sich geändert haben, doch das Bestreben ist das Gleiche: Mitten in die Banalität des Alltags hinein werden neben vielen anderen Dingen kurze oder längere Botschaften gesandt, die dem Betreffenden signalisieren sollen: „Ich denke an dich, ich liebe dich.“

Madeleine betont: Menschen, die einander lieben, suchen immer einen Weg, Zeit füreinander zu haben: „Wie durch ein Wunder finden sie Zeit, [auf einen Brief] endlose Antworten zu verfassen. Schauen wir den Liebenden weiterhin zu, wenn sie Gelegenheit haben, sich nicht mehr bloß zu schreiben, sondern miteinander zu reden. Erwarten sie einen Anruf, so wird auch der heftigste Lärm sie nicht hindern, das Klingeln zu hören, und schon eilen sie zum Apparat [oder ziehen eben das Smartphone]. Sind sie auf belebtesten Straßen beisammen, so verlieren sie kein Wort von dem, was der eine zum anderen sagt. Ist es bitterkalt, man würde es bei ihrem Anblick nicht vermuten. Ist es schwül heiß, sie scheinen der allgemeinen Erschlaffung zu entgehen. Betrachten wir sie noch bei einer Tischgesellschaft oder in einer erregten Runde oder bei der gemeinsamen Arbeit: Alles scheint sich für sie in ein Fest zu verwandeln, weil sie die Gelegenheit finden, miteinander zu reden“ (Gebet 87). Ja, Liebende finden immer eine Gelegenheit. Denn „wo ein Wille ist, da ist auch ein Weg“. Das hat wohl jeder schon einmal erfahren und mit Entschiedenheit praktiziert: Wenn man nur will, wirklich will, dann eröffnen sich auch Möglichkeiten. Sören Kierkegaard sagte einmal: „Es geht! Man muss nur gehen!“

Diese wache, entschiedene Aufmerksamkeit und erfinderische Zuwendung zueinander - auch mitten in der lärmenden Betriebsamkeit des Alltags - überträgt Madeleine Delbrêl auf ihre Beziehung zu Gott.

Lange Zeit hatte sie Gott strikt abgelehnt, ihn sogar bekämpft, ehe sie ihm ganz neu begegnet war. Hatte sie zuvor in intensiver Weise die Absurdität und Sinnlosigkeit eines Lebens ohne Gott erfahren, so erlebt sie jetzt in radikaler Weise das „ungeheure, umwerfende Glück“ (NK 237) des Lebens mit dem lebendigen Gott. Deshalb will sie - trotz ihrer aufreibenden Tätigkeit als Sozialarbeiterin im atheistisch-kommunistischen Arbeiterviertel eines Vorortes von Paris - mitten im Lärm und in den alltäglichen Tätigkeiten immer wieder den Kontakt zu Gott suchen, den „man lieben kann, wie man eine Person liebt“ - davon ist sie zutiefst überzeugt (Auftrag 194).

Wie zwei Liebende alles daransetzen, zusammen zu sein und voneinander zu erfahren, was der andere ist, was er denkt, was er will, so braucht man nur in das Evangelium zu schauen, um lesen zu können, „was der Herr uns gesagt hat über das, was er ist, was er denkt, was er will“, sagt sie (Gebet 87).

Denn das Evangelium ist kein Buch wie jedes andere. Es bietet eine Begegnung, ein Zusammensein mit Christus, ein „Rendezvous mit Christus“, wie es im französischen Original heißt. Unter „Rendezvous“ verstehen wir landläufig ein „Stelldichein“, die Verabredung zweier Menschen, die einander nahestehen, ihr Zusammensein.

Ein solches „Rendezvous“ schenkt Christus „jedem von uns ... bis ans Ende aller Zeiten“ durch seine Worte im Evangelium, sagt Madeleine; „ein Rendezvous von Person zu Person, ein wahres, intimes, allumfassendes von Herz-zu-Herz“ (Liebe 48).

Dabei ist es völlig gleichgültig, ob derjenige, der Christus begegnen und sein Wort hören will – wenn er es wirklich will, wie sie betont –, „das Evangelium aus einer reichen Bibliothek hervorholt oder [man ist fast versucht zu sagen, wie ein Handy] aus der Tasche seines ... Mantels oder aus einer Studentenmappe; ob er es an einem Wendepunkt seines Lebens oder im ganz gewöhnlichen Alltag ergreift; in einer Kirche oder in seiner Küche, auf offenem Feld oder in seinem Büro. Er greift dann zwar nach dem Buch, wird aber selber ergriffen werden von den Worten, die Geist sind. Sie werden in ihn eindringen wie das Saatkorn in den Acker, wie die Hefe in den Teig“ (NK 58).

Deshalb mahnt Madeleine in ihrer originellen Art: „Das Wort Gottes trägt man nicht in einem Köfferchen bis zum Ende der Welt: Man trägt es in sich, man nimmt es in sich mit auf den Weg. Man stellt es nicht in eine innere Ecke, in einen Winkel des Gedächtnisses, um es wegzustellen wie in das Fach eines Schrankes. Man lässt es bis auf den Grund seiner selbst sinken [bis in unser Innerstes], bis zu dem Dreh- und Angelpunkt, in dem sich unser ganzes Selbst dreht“ (NK 56f).

Mit ihren Gefährtinnen in der kleinen geistlichen Gemeinschaft, die sie nicht auf der Basis einer Ordensregel, sondern allein auf der Grundlage des Evangeliums zusammengeführt hat, praktiziert sie dies ganz konkret:

„Wenn wir zusammenkommen, um das Evangelium miteinander zu lesen, tun wir es nicht, um es zu studieren, sondern um dort Zuflucht zu finden.

Betend, suchend und aufmerksam hörend versammeln wir uns um die Person Jesu, um das, was er gesagt hat, um das, was er getan hat.

Wir bringen unser Leben mit ihm in Kontakt, so, wie es ist, und er lässt es immer wieder zu dem werden, was es sein soll“ (Schleinzer I, 41).

In diesem Abschnitt ist jedes Wort wichtig:

„Betend, suchend und aufmerksam hörend“, sagt sie. „Betend und suchend“ hatte sie Gott gefunden bzw. sich von Gott finden lassen.

„Aufmerksam hören“ ist für Madeleine zur ganz zentralen Haltung der Liebe geworden. Das wird unmittelbar nach ihrer Bekehrung deutlich in einem Gedicht, das beginnt: „Höre, du aufmerksame Seele!“ (zitiert nach Schleinzer I, 142). Maria, die aufmerksam Hörende, ist ihr Vorbild. Wie Maria sollen auch wir sagen: „Mir geschehe nach deinem Wort.“ Denn „ein einziges Wort des Herrn, das in uns geschieht, ist besser als stundenlanger Meinungsaustausch, mag er noch so herzerwärmend sein“ (Gebet 92).

„Ein einziges Wort des Herrn, das in uns geschieht“ - Madeleine hat die Worte bewusst gewählt. Das Wort „geschieht“: Das Wort des Herrn ist selbst aktiv, wir sind dabei passiv. Wir müssen nur zulassen, dass es geschieht, dass es mit uns etwas macht. Und so betont sie: „Wer sich nicht verweigert [also wer es zulässt], kann … zu einem neuen Ausdruck dieses Wortes werden“ (NK 58) – hier und heute, in den konkreten Umständen und Bedingungen meines Lebens wird das Wort, *sein* Wort, aktuell.

Madeleine Delbrêl hat sich nicht verweigert. Sie ist für die Menschen in ihrer Zeit und in ihrer Umgebung tatsächlich in einzigartiger Weise zu einem ganz „neuen Ausdruck“ des Wortes Jesu geworden: „Liebt einander, so wie ich euch geliebt habe“ (Joh 15,12). Dieses Wort ist in ihr „Fleisch geworden“. Sie scheut sich nicht, diesen Satz aus dem Johannesevangelium auf jeden Christen zu beziehen: „Und das Wort ist Fleisch geworden“ (Joh 1,14). Das gilt für jeden, der auf Jesu Wort hört: „Immer wieder wird durch den Heiligen Geist das Wort Gottes Fleisch, wird das Wort des Herrn wir selbst“ (Gebet 90). Es wird „in uns Fleisch“ und will uns ergreifen und sich in unserem Leben auswirken, „an einem neuen Ort, zu einer neuen Zeit, in einer neuen menschlichen Umgebung“ (Gebet 18).

Immer wieder nimmt sie auf dieses Wort Bezug: „Liebt einander, so wie ich euch geliebt habe.“ Sich dieser Liebe hingeben, „das heißt sozusagen, Gott in sich Fleisch werden lassen, ihn dort hinbringen, wo man lebt“, in die eigene Familie zum

Beispiel, in „die eigene Gemeinschaft, die Stadt, das Land, die Kirche. Das heißt, zu einer Quelle außerordentlicher geistlicher Energie werden“, die unser Leben speist und das der Menschen, mit denen wir zusammen sind, für die wir Verantwortung haben (vgl. Liebe 42). Denn „das Evangelium – das Buch des Lebens des Herrn, ist da, um das Buch unseres Lebens zu werden“ (Gebet 17). Das Buch des Lebens des Herrn soll das Buch unseres Lebens werden.

Wenn wir es aber nur lesen, ohne es zu leben, dann heißt das für sie - wieder ganz originell: „Wir nehmen ein kleines Bad im Evangelium und lassen dann sein lebendiges Wasser entweder an uns oder am Handtuch verdunsten“ (Gebet 86). Dabei erkennt sie: „Wer ein einziges Wort des Herrn in sich einlässt und ihm erlaubt, sich in seinem Leben auszuwirken, weiß mehr vom Evangelium als einer, dessen ganze Anstrengung sich in abstrakter Betrachtung oder historischem Forschen erschöpft“ (NK 59).

Also auch hier gilt: es zulassen, sich nicht verweigern, dem Wort erlauben, dass es sich auswirkt. Bereits *ein* Wort des Herrn, *ein* Wort des Evangeliums genügt. Das erinnert an die Aufforderung des Gründers von Taizé, Roger Schutz: „Lebe das vom Evangelium, was du verstanden hast, und sei es nur ganz wenig. Das aber lebe!“ Für jeden von uns gibt es ein solches Wort, das sich in unserem Leben auswirken soll, das wir in unserem Leben verwirklichen sollen.

Gottes Wort einlassen in den Alltag

Das Erste, was wir von Madeleine Delbrêl lernen können, ist: *Lass Gottes Wort in dich hinein!* Lass zu, dass es in dir geschieht! Erlaube diesem Wort, dass es sich in deinem Leben auswirkt! Und das Zweite: *Der Ort, wo uns dieses Wort begegnet, ist der Alltag.*

Madeleine lässt den Einwand nicht gelten, dass ein Tag, der mit Terminen und Verpflichtungen vollbesetzt ist, die Begegnung, das Rendezvous mit Gott nicht zulasse. Immer und überall kann Gott, kann sein Wort gehört werden, wenn man nur will, wenn man nur jederzeit und überall ein Signal des Geliebten erwartet, wie in der eingangs geschilderten Haltung zweier sich liebender Menschen. Das ist ihre tiefste Überzeugung. Dafür braucht es keinen Aufwand - weder an Zeit noch an Raum. Unser ganz konkretes Leben, die einfachste, alltäglichste Handlung birgt die Möglichkeit in sich,

Gott und seinem Wort zu begegnen. So hat Madeleine es erfahren:

„Nirgendwo sonst als in unserem Leben strömt von morgens bis abends zwischen den Ufern unserer Häuser, Straßen, Begegnungen das Wort, in dem Gott gegenwärtig sein will.

Nirgendwo sonst als in unserem Geist, der uns durch unsere Arbeit und Mühsal, durch unsere Freude und Liebe hindurch auferbaut, will Gottes Wort wohnen. Jener Satz des Herrn, den wir während einer hl. Messe oder einer Fahrt in der Untergrundbahn dem Evangelium entrissen haben oder zwischen zwei Haushaltsarbeiten oder abends in unserem Bett, darf uns ebenso wenig verlassen wie unser Leben und unser Geist“ (NK 61).

Dieser „Satz des Herrn“ bleibt nicht in uns verschlossen. Das ist für Madeleine Delbrêl ganz wichtig. Das Wort Gottes strahlt aus in den ganz konkreten Alltag hinein:

„Es wird uns befruchten, verwandeln, erneuern: den Händedruck, den wir heute zu geben haben, wie wir unsere Arbeit bewältigen, die Art, wie wir die Menschen anblicken, die uns begegnen, wie wir gegen unsere Müdigkeit ankämpfen, wie wir einen Schmerzanfall bestehen, in einer Freude aufblühen. Es will überall dort zu Hause sein, wo wir bei uns selber verweilen. Es will wir selber sein, wo immer wir selber sind“ (NK 61). Das Wort will in uns „Fleisch werden“.

So kann auch ein mit Terminen und Verpflichtungen noch so vollbesetzter Tag das Rendezvous mit Gott und seinem Wort nicht verhindern:

„Ist unser Tag so vollgestopft, dass Pausen unmöglich sind, wenn unsere Kinder, der Ehemann, das Haus, die Arbeit, die Gemeinschaft fast alles beanspruchen, dann glauben wir und vertrauen darauf: Die göttliche Kraft des Wortes Gottes kann dem Wort stets Raum verschaffen. Wir sehen es dann aufleuchten, während wir eine Straße entlanggehen, unsere Geschäfte besorgen, Gemüse putzen, auf ein Telefonat warten, unseren Flur kehren; wir sehen es aufblitzen zwischen zwei Bemerkungen eines Mitmenschen, zwei zu schreibenden Briefen, beim Erwachen und beim Einschlafen. Denn das Wort hat seinen Platz gefunden: ein armes und warmes Menschenherz, das ihm Herberge bietet“ (NK 61).

„Jede Handlung, die von uns gefordert wird, lässt uns Gott in Fülle empfangen und ihn in Fülle weitergeben in einer großen Freiheit des Geistes.“ Das ist für Madeleine das Wichtige: empfangen und weitergeben.

„Dann wird das Leben ein Fest“

„Dann wird das Leben ein Fest“, sagt Madeleine, und zwar mitten im Alltag. Mit wachsamer Aufmerksamkeit spürt sie gerade die alltäglichsten Dinge auf, die ein „gewaltiges Ereignis“ sein können, in dem „uns das Paradies geschenkt wird, das wir - wie von selbst - weiterverschenken ...“ - wenn wir es nur in der liebenden Beziehung zu Gott tun. „Egal, was wir zu tun haben: ob wir einen Besen oder eine Füllfeder halten, ob wir reden oder stumm sind, etwas flicken oder einen Vortrag halten, einen Kranken pflegen oder am Schreibtisch arbeiten. ... All das ist nur die äußere Schale einer herrlichen inneren Wirklichkeit, der Begegnung der Seele mit Gott in jeder neuen Minute, wo sie an Gnade zunimmt und immer schöner wird für ihren Gott“ (NK 53).

Es geschieht, wie Madeleine sagt, in jeder Minute, in jedem Augenblick, mitten in dem, was mir gerade begegnet, in dem Menschen, der eben jetzt auf mich zukommt.

* * *

Fragen an uns

Die Beispiele, die Madeleine nennt, werden zu einer Anfrage an uns:

„Es läutet an der Tür?" - „Schnell! Aufgemacht", sagt Madeleine, „es ist Gott! Er kommt, um uns zu lieben!" Wie oft aber stöhnen wir: Wer kommt denn jetzt schon wieder …

„Eine Bitte an uns? Ja, gern. Es ist Gott! Er kommt, um uns zu lieben!" Wir hingegen klagen oft: Ach, immer diese Anfragen …

„Zeit, sich zu Tisch zu setzen? Gehen wir: Es ist Gott! Er kommt, um uns zu lieben! Lassen wir ihn gewähren!" (NK 53).

Lassen wir Gott gewähren? Leben wir im Bewusstsein, dass Gott uns vorbereiten will auf das Festmahl, zu dem er uns für alle Ewigkeit einladen möchte?

Haben wir schon einmal etwas von dieser stillen und erfüllenden Freude verspürt, die der Herr gerade dann schenkt, wenn wir im Hören auf sein Wort gehandelt haben?

Gebet

Deine Worte, mein Gott,
sind nicht dazu da,
um tatenlos in unseren Büchern zu bleiben.
Sie sollen in uns eindringen,
in uns Fleisch werden
und sich in unserem Leben auswirken,
damit sie uns leiten
und in uns die Welt durcheilen.

Gib, dass das Feuer,
das in deinen Worten lebendig ist,
uns erreicht und entzündet,
damit wir von ihm entflammt,
wie Zunder im Stoppelfeld,
auf den Straßen unserer Stadt unterwegs sind
und die Menschen, die uns begegnen,
ganz besonders die, die uns nahestehen,
mit der Seligkeit und der Freude anstecken,
die du selbst bist.

Darum bitten wir dich
durch Jesus Christus, unseren Herrn.

IV

„GEBET IN EINEM WELTLICHEN LEBEN“

Wer von uns hört nicht jeden Tag mehrfach mit mehr oder weniger Bedauern diesen Stoßseufzer: „Keine Zeit! Kaum noch Zeit!“ Für die meisten Menschen ist der Tag vollbesetzt mit Terminen und Verpflichtungen. Selbst die Kinder haben nach der Schule schon viele Termine. Mütter, Väter, Großeltern sind zumeist davon mit betroffen: sei es die Fahrt zum Flötenunterricht, zur Ballettschule, zum Kindergeburtstag. Dann soll man auch noch etwas für die Gesundheit tun: Joggen, Schwimmen, Fitness ... Und Beziehungen, Freundschaften wollen auch gepflegt werden. Die Zeitnot scheint allgemein zuzunehmen.

Das weiß auch Madeleine Delbrêl aus eigener Erfahrung. Tag für Tag war sie im Einsatz - zunächst als engagierte Sozialarbeiterin in einem Arbeitervorort von Paris, dann als aufmerksame Leiterin ihrer geistlichen Gemeinschaft. Diese hatte sie gegründet, um Menschen in Not, seien sie Christen oder nicht, ein offenes Ohr und eine helfende Hand zu bieten.

Nüchtern und realistisch erkennt Madeleine, dass die Menschen heutzutage immer weniger Zeit haben. Einen Zeit-Raum für Gott zu finden, ist so viel schwieriger geworden und scheint manchmal unmöglich zu sein. „Es ist wahr“, sagt sie, „man kann heute nicht mehr beten wie früher, es sei denn, man wäre in einem Kloster oder in einer bestimmten außergewöhnlichen Lebenslage. Doch folgt daraus keineswegs, dass man nicht mehr beten soll, nur anders wird man beten müssen, und dieses anders gilt es zu entdecken“ (Gebet 52).

„Dafür gibt es kein Buch mit Kniffen oder Rezepten. Das Leben jedes einzelnen Menschen zeigt in seinen Umständen, wo die persönlichen Möglichkeiten liegen, je nach Bedingungen und je nach Begabungen“ (ebd. 81).

Das Leben der Ordensleute ist von vornherein so geordnet, dass das Gebet darin seine festen Zeiten hat. „Bei den kontemplativen Orden ist sogar alles auf ein Maximum aktiven Gebets ausgerichtet ... Aber die Leute vom Volk, vom christlichen Volk, wissen nicht immer, wann, wo und wie sie beten sollen“, stellt sie fest. Deshalb muss „in einer Zeit, da sich die Existenzbedingungen immer schneller wandeln, ... jeder einzelne Mensch selber neue Formen des Betens finden“ (ebd.).

Es geht also darum, ganz individuell die Form herauszufinden, die für den Einzelnen möglich ist. Wenn wir versuchen, es so wie früher zu machen, „führt das zumeist dazu, überhaupt nichts zu tun, weil so etwas für uns praktisch unmöglich ist“ (ebd.).

Madeleine Delbrêl gibt interessante Anregungen, wie man mitten in einem weltlichen Leben seine ganz persönliche Art und Weise zu beten finden kann. Sie sind so originell, dass sie selbst zu Wort kommen soll.

„Zeitstaub"

Sie entdeckt zum einen den „Zeitstaub", der zur „Tiefenbohrung" genutzt werden kann:

„In das beschäftigtste, umhergeworfenste Leben dringen dennoch, wie feiner Staub, leere Zeitteilchen ein. Sieht man sie - man sieht sie nicht immer -, so müsste man auf den Gedanken kommen, sie zusammenzulegen oder aneinanderzureihen und dadurch ein Stück verwertbare Zeit zu gewinnen. Wenn wir behaupten, Beten sei unmöglich, so müssen wir uns auf die Suche nach diesem Zeitstaub machen und ihn so, wie er ist, verwerten. In weiten Gebieten der Welt kennen die Leute als Brennstoff nur Holz - anderswo Holz und Kohle. Aber es gibt auch Öl. Um eine Ölschicht zu erreichen, spielt die Ausdehnung keine Rolle. Man braucht nicht Tausende von Quadratkilometern auszubeuten, auch kein System unterirdischer Stollen anzulegen. Man bohrt senkrechte Schächte, deren Öffnung lächerlich eng ist. Aber man dringt so tief hinunter wie nötig, um die Ölschicht zu erreichen.“

Dieses Bild überträgt sie auf heute: „Heutzutage ist in manchem städtischen Leben das Gebet nur durch Bohrungen möglich, wobei Intensität bzw. Innigkeit die Dauer ersetzt. Solch ein kräftiges, unsichtbares Hinabtauchen strebt in der Tiefe zu Gott hin, in konzentrierten Akten des Glaubens, der Hoffnung und der Liebe“ (ebd. 82).

Das ist die „Tiefenbohrung“. Dabei kommt es nicht auf die Zeit an, die man investiert, sondern auf die Intensität bzw. Innigkeit.

Diese „Blitzhinwendung zu Gott“, das „rasche Untertauchen“ in Gott im Lauf des Tages ist jederzeit möglich, davon ist Madeleine fest überzeugt. Doch realistisch mahnt sie: „Man sollte nicht vergessen, dass Bohrungen sich nicht improvisieren lassen. Um in unserem Leben zu bohren, um darin einen Gebetsschacht einzurichten, gilt es, im Voraus die spärlich verfügbaren Räume zu entdecken, die Augenblicke herauszufinden, die dafür am günstigsten sind.“

Es ist also nötig, diese kleinen Zeit-Zwischenräume mitten im Alltag im Voraus quasi auszukundschaften, um sie dann auch als günstige Gelegenheit wahrnehmen zu können:

„Man wird sich überlegen müssen, ob fünf Minuten früher aufstehen, um den Tag mit Gott zu beginnen - wie verblödet, schlaftrunken, denkunfähig wir dann auch sein mögen –, unserer Gesundheit ernstlich schadet. Ob es allen Ernstes eine Verletzung der Liebe ist, diese oder jene Person einen kurzen Augenblick warten zu lassen. Ob eine dringende geistige Arbeit wirklich leidet, wenn wir ihr fünf Minuten entziehen, bevor wir uns daransetzen. Ob die Dringlichkeit des Besens oder der Waschmaschine nicht ein paar Momente des Wartens verträgt, um sich ein Gebet zu gestatten; genauso wie sie es vertragen würde, wenn jemand uns rasch etwas sagen wollte … oder wenn das Telefon klingeln würde" (ebd. 83).

Ausgesprochen wichtig ist für sie, nichts zu verkrampfen, sondern die ganz konkreten Umstände zu berücksichtigen - Madeleine Delbrêl ist ja so realistisch:

„So kann es zum Beispiel vernünftig sein, zwei Fliegen mit einer Klappe zu schlagen. Wenn wir müde sind, legen wir uns eben hin, um zu beten", meint sie. „Aber es ist vielleicht doch sinnvoll, davor einen ganz kurzen Moment einzuschalten, … wo wir unseren ganzen Körper hinknien lassen, … um mit menschlichen Worten mit Gott zu reden."

Auch die altbekannten Gebete können „einen wunderbaren Zugang (gewähren): ‚Der Engel des Herrn‘, ‚Komm, Schöpfer Geist‘ … und andere. Es kann sein, dass wir sie nicht brauchen“, meint sie. „Dann lassen wir sie. Aber wenn wir einmal schwerfällig sind, dann können sie uns helfen, den nötigen Schwung zu erbitten. Und wenn wir k. o. sind oder krank, kann das Falten der Hände zum Gebet werden.“

Madeleine will ihre persönliche Erfahrung nicht zu einem allgemeinen Gesetz erklären, gesteht aber:

„Bei mir haben diese Blitzakte des Untertauchens in Gott den Geschmack am Gebet neu geweckt. Sie haben mich wieder mit der Quelle in Verbindung gebracht, mit dem Ursprung des lebendigen Wassers. Sie haben das Bedürfnis vertieft, immer (häufiger und immer) tiefer daraus zu schöpfen … Sie haben mir bewiesen, dass das, was sie mir schenkten, wirklich lebensnotwendig war. Wie das? Ich weiß nicht: Sie ließen mich entdecken, wie unerlässlich es ist, aber wie es doch auch möglich ist, mitten im weltlichen Leben zu beten. Sie haben mir dabei gezeigt, dass sie das Leben nicht beeinträchtigen, sondern im Gegenteil, dass sie das Leben lebbarer machten, weil es jetzt vom Unersetzlichen genährt wird, ohne das es nicht gelebt werden kann" (Gebet 81-85).

Das ist ein Geständnis! Das Leben wird lebbarer, weil es sich jetzt vom „Unersetzlichen" nährt. Madeleine ist mit der Quelle, mit dem Ursprung des lebendigen Wassers in Verbindung gekommen, also mit Jesus Christus selbst, mit dem lebendigen Wasser, das er der Samariterin am Brunnen versprochen hat und das er jedem von uns immer wieder neu schenken will.

Er ist lebens-not-wendig. *Er* allein wendet die Not unseres Lebens! Denn *er* hat sich selber freiwillig in die tiefste Not begeben, um unsere Not zu wenden. Ohne Gott, ohne Jesus Christus kann Madeleine sich das Leben nicht mehr vorstellen, seitdem sie erfahren hat, dass Gott die Liebe ist, *Jemand,* ein Du. Man kann Gott lieben, wie man eine Person liebt.

Deshalb braucht sie den beständigen Austausch mit Gott mitten im Alltag mit all seinen Aufgaben und Forderungen. Ja, sie hat geradezu Sehnsucht danach, so wie Liebende sich einer nach dem anderen sehnen, um ein paar Worte miteinander zu wechseln oder auch nur beieinander zu sein, ohne etwas zu sagen. Das erinnert an ein Wort der hl. Teresa von Avila, dieser großen Heiligen des Karmel, die Madeleine Delbrêl viel bedeutet hat. Teresa sagt: „Beten ist Verweilen bei Jesus wie bei einem Freund, mit dem wir oft gern allein zusammenkommen, um bei ihm zu sein, weil wir sicher sind, dass er uns liebt“ (Leben 8,5). Teresa vertraut darauf, dass die Sehnsucht uns Gott finden lässt (vgl. ebd. 12,2).

Entsprechend sagt Madeleine: „Gott genug lieben, um bei ihm sein zu wollen, das Verlangen, die Sehnsucht dieser Liebe in sich tragen: Das verleiht die Kraft, das härteste und dichteste Leben zu durchbohren und betend zu dem hinzugelangen, den wir lieben. Schon ein paar Minuten solchen Betens können uns Gott überantworten, restloser als viele vielleicht sehr gesammelte Stunden, denen diese bebende, inständige Sehnsucht nicht vorausging.“ Und weiter: „Wo wir uns auch aufhalten mögen, Gott ist dort. Der nötige Raum, ihn zu finden, ist der unserer Liebe, die von Gott nicht getrennt sein will, die ihm begegnen will … Diese Sehnsucht macht das Gebet aus, und zwar gleichgültig wo. Jede Liebe trägt ihre Sehnsucht überall mit sich herum“ (Gebet 64). So kann „für den, der Gott sucht wie Mose, eine Treppe der Sinai sein“ (Mönch 70).

Liebende sind überaus erfinderisch, wenn es darum geht, auch nur einen Blick vom Geliebten aufzufangen. Dies überträgt Teresa auf Gott: „Gott ist wie ein Freund, der unseren Blick sucht. Denn er liebt es so sehr, dass wir ihn immer wieder anschauen“ (Weg 26,3). Madeleine schildert es auf ihre Weise sehr praktisch:

„Welche Freude, zu wissen, dass wir unsere Augen zu deinem Angesicht erheben können, ganz allein, immer wenn uns das Leben eine Pause gönnt, während die Suppe langsam aufkocht, während wir am Telefon darauf warten, dass sich jemand meldet, während wir an der Haltestelle nach dem Bus Ausschau halten, während wir eine Treppe hinaufsteigen, während wir im Garten für den Salat ein wenig Petersilie holen ... Welch günstige Gelegenheit bietet eine Verspätung, wenn man auf den Mann, auf die Kinder, auf Freunde wartet“ (Mönch 90).

Es ist aufschlussreich, dass sich Madeleine sogar über eine Verspätung freuen kann, weil sie dies als eine „günstige Gelegenheit“ ansieht - als gewonnene Zeit also –, um mit Gott in Kontakt zu treten. Wir hingegen ärgern uns oft über solche „verlorene“ Zeit.

„Geschenkte Atemzüge"

Mitten in einem mit Terminen und Verpflichtungen noch so vollgepfropften Tagesablauf gelingt es Madeleine, „von Gott geschenkte Atemzüge" zu entdecken, die ihr die Gelegenheit bieten, mit Gott ins Gespräch zu kommen. Auch hier hat sie wieder ganz praktische Anregungen:

„Unser Kommen und Gehen - nicht nur im Großen, sondern auch [das Gehen] von einem Zimmer ins andere -, die Augenblicke, da wir zu warten gezwungen sind - am Schalter oder vor der Telefonkabine oder bis im Autobus ein Platz frei wird - das sind Gebetsmomente, die uns dann zufallen, wenn wir dafür bereit sind" (Gebet 64).

Wenn wir aufmerksam sind, können wir in solchen Momenten den „Atemzug" ausmachen, den Gott uns jetzt anbietet. Denn auch wenn sich der Lebensrhythmus ändert, werden wir nicht „zwangsläufig … unfähig zum Gebet", wie Madeleine immer wieder betont. „Gott hätte sich wohl nicht die Mühe gemacht, uns zu erschaffen, um dann zuzulassen, dass wir ihm gegenüber keine Luft mehr zum Atmen hätten", bemerkt sie in ihrer originellen Art. Sie ist vielmehr überzeugt: „Unsere Zeit, unser Alltag gewährt uns immer wieder Atemzüge, die Gott uns schenkt: Wir müssen sie nur entdecken und davon Gebrauch machen“ (Gebet 61).

Um diese von Gott geschenkten Atemzüge in den kleinen „Zeitmulden“ mitten im alltäglichen Leben aufzuspüren – „Das Leben ist voll davon“ (Gebet 53) –, ist sie überaus erfinderisch:

„Solche kleinen Zeitmulden gibt es für jeden, und wir Frauen wissen genau, womit wir sie füllen … Entweder träumen wir oder … wir betrachten zehn Minuten lang ohne jeden ersichtlichen Grund die Reklame auf dem Bahnsteig der Untergrundbahn. Oder wir gehören zu denen, die gerne ‚problematisieren‘ und treiben Kult mit unseren kleinen Sorgen. Die Zeit, die so verlorengeht, gilt es zurückzugewinnen und dem zu erstatten, der das Recht darauf hat. Man zieht den Herrn einem Plakat, einer Schlagzeile, sich selber vor“ (Gebet 64f).

Ums Beten beten

Nun könnte man einwenden: Madeleine Delbrêl war ein außergewöhnlicher Mensch und überaus begnadet. Sie war begeistert von Gott und wollte andere für Gott begeistern. Der Dominikaner Jacques Loew bezeichnete sie als „von Gott auserlesene Frau“ (NK 9); die französischen Bischöfe haben den Seligsprechungsprozess für sie in die Wege geleitet. Wir dagegen empfinden uns oft als schwerfällig und mittelmäßig, mit ein bisschen gutem Willen. Doch genau hier setzt Madeleine Delbrêl an. Der gute Wille - und mag er auch noch so schwach sein - ist die Voraussetzung, das Fundament und der Ausgangspunkt. Alles andere, so ihre Überzeugung, ergibt sich daraus.

Für sie besteht der gute Wille darin, „auf Gott Kurs zu nehmen“, das heißt, sich auf Gott auszurichten, sich auf ihn zu konzentrieren:

„Von dem Augenblick an, da wir Kurs auf Gott nehmen - von wo immer aus wir unseren Einstieg ins Gebet nehmen: Rosenkranz, Stundengebet, Nachdenken über irgendein Buch, irgendeine unserer Taten oder Begegnungen -, kommen uns die großen übernatürlichen Kräfte zu Hilfe, und sobald wir uns in Wahrheit Gott zuwenden, sind sie unweigerlich da. Denn unser Verstand gerät auf diesem Gebiet sehr schnell außer Atem. Aber hier gilt es zu wissen: Wo unser Verstand stillsteht, geht der Glaube voran“ (Gebet 57).

Dies sind tröstliche Worte voller Zuversicht. Sie schöpfen aus einer wichtigen Einsicht: Was wir tun können, ist, uns Gott zuzuwenden; doch das Wesentliche ist sein Geschenk an uns: Er schenkt uns seine Gnade, kommt uns mit seiner göttlichen Kraft zu Hilfe. Wo der Verstand nicht weiterkommt, geht uns der Glaube voran.

Madeleine weiß: Unser guter Wille kommt nur dann zum Ziel, wenn wir Gott bewusst um seine Hilfe bitten.

Die Jünger haben Jesus beten sehen - vielleicht hatten sie beobachtet, dass er sich immer wieder zurückzog, um die Nähe zu seinem Vater im Himmel zu suchen -, und sind so beeindruckt, dass sie ihn bitten: „Herr, lehre uns beten“ (vgl. Lk 11,1-4).

Madeleine ist sich bewusst, dass „unsere Bemühungen allein nicht ausreichen …, um das Gebet in unser Leben einzubinden, so wie Essen, Trinken, Schlafen darin eingebunden sind … Sie müssen von unserem ‚Gebet ums Gebet‘ begleitet sein“, sagt sie. „Erbitten wir vom Herrn das Gebet mit einer konkreten Bitte, in die wir ‚unser ganzes Bündel‘ hineinlegen, alles, worüber wir verfügen, selbst wenn es sehr wenig ist: unser ganzes bisschen Kraft, unser ganzes bisschen Zeit. All das, was wir in eine menschliche Bitte hineinlegen würden, die uns sehr am Herzen liegt, und dies auch an einem Tag, an dem wir uns nur hinschleppen, wo Kopfschmerzen uns stumpfsinnig machen oder unsere Zeit knapp ist."

Madeleine weiß genau, wie schlecht wir uns manchmal fühlen, wie armselig. „Um zu erbitten, was wir wirklich wollen, tun wir *alles, was wir können*. Dies Alles genügt dann", sagt sie und fügt mit Nachdruck hinzu:

„Erbitten wir das Gebet, selbst wenn dieses Alles fast nichts ist!" (Gebet 75f).

Alles tun, was wir können, mag es auch fast nichts sein. Dieses Wenige genügt, um uns Gott vollkommen anzuvertrauen, offen und bereit zu sein, ihn wirken zu lassen. Das betont Madeleine so eindringlich, weil sie überzeugt ist:

„Ohne Gebet werden wir Gott nie mit wirklicher Liebe lieben. Vielleicht werden wir seine Diener sein, seine Kämpfer, sogar seine Jünger, aber nicht liebende Kinder unseres Vaters, weder Freunde noch Geliebte Christi" (Gebet 56).

Sehen wir also zu, wo wir unsere persönliche Art und Weise des Betens finden können.

Zum Schluss noch ein interessanter Hinweis von Madeleine, den es zu beherzigen gilt:

„Gott schenkt uns jederzeit die Möglichkeit zu beten, aber diese entspricht nicht immer unseren Vorstellungen vom Gebet."

Das heißt, uns „fehlt" lediglich die Zeit, von der wir glauben, dass wir sie haben müssten, „um nach unserer Vorstellung zu beten".

Das verdeutlicht sie mit einem originellen Bild:

„Wenn Gott für uns ein einfaches, belegtes Brot vorgesehen hat, wir aber einen Tagesteller und zudem eine Vor- und Nachspeise begehren, so werden wir das belegte Brot nicht essen, wozu wir doch Zeit hätten, und vergeblich auf eine halbe Stunde warten, in der wir unser Menü verzehren können. So kommt es dann vielleicht dazu, dass wir die berühmte halbe Stunde nicht finden und unseren Tag ohne Gebet beschließen" (ebd. 79).

* * *

Fragen an uns

- Verspüren wir den Wunsch nach einer innigeren Gottesbeziehung? Wie viel bedeutet Gott uns im Alltag?

- Wenn wir unseren Alltag überblicken, kommen uns Momente in den Sinn, die wie „von Gott geschenkte Atemzüge“ waren?

- Wie aufmerksam sind wir auf den „Zeitstaub“, die „Zeitmulden“ mitten im Alltag? - Wir könnten sie nutzen zur „Tiefenbohrung“ nach der Quelle des lebendigen Wassers, die Christus selber ist!

- Kennen wir das Gefühl, nicht recht beten zu können? Wir könnten gerade daraus ein Gebet machen: Gebet ums Gebet!

* * *

Gebet

Herr Jesus Christus!
Du bist die Quelle des lebendigen Wassers!
Immer wieder lädst du uns ein:
„Wer dürstet, der komme zu mir,
und es trinke, wer an mich glaubt!“
Gib, dass die Sehnsucht, zu dir zu kommen,
niemals nachlässt!
Gib, dass der Durst, aus dieser Quelle zu trinken,
niemals aufhört!
Denn bei dir allein finden wir
mitten in unserem alltäglichen Leben
das Unersetzliche, das Lebens-not-wendige!

Jesus, deine durchbohrte Seite,
dein geöffnetes Herz
ist die Quelle des lebendigen Wassers,
die Quelle deiner Liebe.
Was wir empfangen,
das wollen wir weiterschenken –
an alle Menschen,
ganz besonders an die, die uns nahestehen.

Schenke uns dazu deinen Heiligen Geist.

V

WIDRIGKEITEN ALS CHANCE

Schwierige Lebenslagen fordern uns heraus, Schicksalsschläge werfen uns aus der Bahn. Wenn eine Liebe „verloren geht", wenn ein geliebter Mensch schwer erkrankt oder plötzlich nicht mehr da ist, wenn einen selbst eine unheilbare Krankheit trifft oder man sonst existenziell erschüttert wird, dann fühlt man sich oft völlig orientierungslos. Plötzlich beginnt zu wanken, was bisher fraglos das Fundament des Alltags bildete. Man gerät ins Grübeln, überdenkt den bisherigen Weg, beginnt sich neu zu orientieren. Dabei stellt sich oft auch ganz neu die Frage nach Gott, nach der eigenen Beziehung zu Gott. Das scheint ein Grundgesetz des Glaubens zu sein, in allen Lebensphasen. Mit ihrem Blick für das Wesentliche hat auch Madeleine Delbrêl dies klar erkannt. Zugleich hat sie entdeckt, dass sich die verschiedensten Lebenssituationen als Chance erweisen können, Gott zu begegnen. Auf zwei Erfahrungen möchte ich exemplarisch eingehen.

Die kleinen Widrigkeiten des Alltags

Da sind zum einen die kleinen widrigen Umstände im alltäglichen Leben. Gerade sie können sich als „Sprungbrett“ oder „Brücke“ entpuppen, um mitten in der Normalität des Alltags unversehens Gott näherzukommen. Für den wenig Geübten sind sie wohl deshalb so schwer zu erkennen, weil sie ihm gewöhnlich und wertlos erscheinen. Dazu erklärt Madeleine Delbrêl: Viele meinen, dass sie Gott dann ihre Liebe beweisen können, wenn es wirklich darauf ankommt, wenn es um Alles oder Nichts geht - wie vielleicht bei den Märtyrern oder bei einer besonderen Herausforderung -, aber doch nicht in solchen Banalitäten! Man wartet auf eine außerordentliche Situation, wartet und wartet …, aber sie kommt nicht. „Was kommt, sind Umstände, die unsere Geduld erfordern“ (Mönch 81).

Mit größter Aufmerksamkeit hat Madeleine Delbrêl diese kleinen Widrigkeiten im Alltag aufgespürt und anschaulich beschrieben:

„Der Brief, der zu schreiben ist, … der Freund, der erheitert werden will, die Tür, die geöffnet werden soll, … die Migräne, die ausgehalten werden muss“ (Gebet 114).

Es sind die unwillkommenen Umstände und Begebenheiten, die uns im Alltag herausfordern, unser Ja verlangen. Madeleine Delbrêl rät, jeweils „ein Wort“ einzulassen und in sich wirken zu lassen, zum Beispiel das Wörtchen „Ja“. Selbst Banalitäten sind eine Gelegenheit, einzuwilligen und Ja zu sagen:

„Kaum sind wir erwacht, so erfassen sie uns: Das Telefon klingelt ... Der Bus kommt nicht ... oder wartet nicht auf uns. Unser Nachbar auf dem Sitz beansprucht den ganzen Platz ... So ist das Triebwerk des Alltags: Tun wir das eine, so können wir nicht das andere tun; wir verrichten eine Arbeit, die wir uns nicht ausgesucht hätten ... Es ist uns zu kalt oder zu heiß, der Kopf tut uns weh oder die Zähne. Wir treffen gerade diese Leute an und müssen gerade diese von den Partnern gewählten Gespräche führen.“

Sie ist überzeugt: „Haben wir uns auf diese Weise eingeübt, unseren Willen all diesen Winzigkeiten auszuliefern, dann wird es uns nicht mehr so schwer vorkommen, wenn er zu Größerem herausgefordert wird“ (NK 51).

Madeleine wird nicht müde zu beschreiben, was es heißt, sich in der Annahme der vielen kleinen widrigen Umstände unseres Alltags einzuüben:

„Schon am Morgen suchen sie uns auf:
Unsere Nerven gehen uns so leicht durch …,
die Milch läuft über …,
die Kinder verderben alles,
der Mann bringt Gäste mit,
die Freunde erscheinen nicht,
das Telefon läutet ununterbrochen,
die, die wir lieben, streiten sich;
man möchte schweigen und muss sprechen,
man möchte sprechen und muss schweigen,
man möchte ausgehen und muss daheimbleiben,
man möchte daheimbleiben und muss weggehen,
man möchte sich auf den Ehemann stützen
und der wird schwach wie ein Kind;
die tägliche Arbeit wird uns langweilig …“

Sie sagt: „So treten die Geduldsübungen an uns heran, neben- oder hintereinander, und sie vergessen immer, uns zu sagen, dass sie das Martyrium sind, das für uns vorgesehen ist. Wir aber lassen sie mit Verachtung an uns vorüberziehen und warten auf eine Gelegenheit, unser Leben hinzugeben, eine Gelegenheit, die der Mühe wert wäre“ (Mönch 80-82), Gott unsere Liebe zu beweisen. Gerade so aber verpassen wir die Chance, im geduldigen Annehmen und Aushalten unserer konkreten Wirklichkeit Gott näherzukommen. Stattdessen gilt für

Madeleine: „Unser Opfer heißt: Früchte bringen in Geduld."

Für sie ist dies der „Realismus, die Wirklichkeit einer Liebe, die uns von Gott geschenkt wird und dazu einlädt, im Alltagsstaub von Kämpfen, Mühen und jeder noch so winzigen Anstrengung die Umstände oder Ereignisse unseres Lebens in ewige Ereignisse umzuwandeln" (NK 229) - dadurch, dass wir sie in Liebe annehmen und aushalten.

Erfahrungen von Einsamkeit

Auch die erfahrene Einsamkeit kann zur Chance werden. Einsamkeit hat viele Gesichter. Jeder von uns hat Erfahrungen mit der Einsamkeit. Madeleine hat in ihrem Leben die Einsamkeit in unterschiedlichen Dimensionen erfahren.

- Da ist zum einen *die schicksalhafte, familiär und biografisch bedingte „menschliche Einsamkeit"*. Madeleine wächst als Einzelkind auf; sie wird zum Prellbock der Eltern, die sich häufig streiten; da ihr Vater häufig versetzt wird, verliert sie immer wieder Freundinnen und Freunde; als junge Frau wird sie von ihrem Verlobten verlassen.

- Zum anderen erfährt Madeleine *eine „existenzielle Einsamkeit"*, wie ich sie nennen möchte. Sie muss feststellen, dass sie allein ist mit der Überzeugung, ihre Gemeinschaft nicht als Ordensgemeinschaft oder Säkularinstitut - also als eine offizielle rechtliche Institution - von der Kirche anerkennen zu lassen. Der Grund liegt nicht in einer Missachtung ihrer Kirche. Im Gegenteil, von Anfang an versteht sie ihre gemeinschaftliche Berufung als „eine Zelle im Leib der Kirche" (Frei 38). Ja, mit ihrem südfranzösischen Temperament liebt sie ihre Kirche so sehr, dass sie am liebsten in jeder Zeile die Kirche ebenso oft nennen möchte wie Gott, so gesteht sie einmal (vgl. NK 23).

Viele Weggefährtinnen reagieren völlig verständnislos und halten ihr vor Augen, dass die Gemeinschaft ohne rechtliche Regelung nicht von langer Dauer sein werde. Diese Auseinandersetzung erstreckt sich über Jahre und ist äußerst zermürbend für Madeleine. Doch sie ist von der Richtigkeit ihres Weges überzeugt und bleibt ihrem Gewissen treu, ohne dies im Letzten verständlich machen zu können.

Man wird an einen Text von Karl Rahner erinnert. In den 1950er-Jahren verfasste er eine eindringliche Meditation „Über die Erfahrung der

Gnade" im Alltag. Einige Gedanken daraus möchte ich zitieren: „Waren wir schon einmal restlos einsam? Haben wir uns schon einmal zu etwas entschieden, rein aus dem innersten Spruch unseres Gewissens heraus, dort, wo man es niemand mehr sagen, niemand mehr klarmachen kann, wo man ganz einsam ist und weiß, dass man eine Entscheidung fällt, die niemand einem abnimmt, die man für immer und ewig zu verantworten hat? Haben wir schon einmal versucht, Gott zu lieben, dort, wo keine Welle einer gefühlvollen Begeisterung einen mehr trägt, wo man sich und seinen Lebensdrang nicht mehr mit Gott verwechseln kann, dort, wo man meint zu sterben an solcher Liebe, wo sie erscheint wie der Tod und die absolute Verneinung, dort, wo man scheinbar ins Leere und gänzlich Unerhörte zu rufen scheint, dort, wo es wie ein entsetzlicher Sprung ins Bodenlose aussieht, dort, wo alles ungreifbar und scheinbar sinnlos zu werden scheint? Haben wir einmal eine Pflicht getan, wo man sie scheinbar nur tun kann mit dem verbrennenden Gefühl, sich wirklich selbst zu verleugnen und auszustreichen, wo man sie scheinbar nur tun kann, indem man eine entsetzliche Dummheit tut, die einem niemand dankt? Waren wir einmal gut zu einem Menschen, von dem kein Echo der Dankbarkeit und des Verständnisses zurückkommt, und wir auch nicht durch das Gefühl belohnt werden, ‚selbstlos', anständig usw. gewesen zu sein?" (Schriften zur Theologie 3, 1959, 106f). Bis in unsere Gegenwart ist dieser Text immer wieder neu aufgelegt worden - ein Zeichen, wie aktuell die Gedanken Karl Rahners sind.

Wie Madeleine Delbrêl will Rahner eine Aufhebung der strikten Teilung in zwei Welten - eine sakrale und eine profane -, wie sie sich in den beiden letzten Jahrhunderten herausgebildet hatte. Er verknüpft die weltliche und geistliche Dimension menschlicher Existenz zu einer Einheit, zur christlichen Existenz. Das ist für ihn die „kopernikanische Wende" in der modernen Frömmigkeit. Das religiöse Leben ist nicht mehr nur ein „Zusatz" zum profanen Alltag, sondern verwirklicht sich gerade im Alltag. Deshalb ist „die eigentliche Tiefe des bloß scheinbar oberflächlichen … Alltags von Gott und seiner Gnade erfüllt" (Karl Rahner, Das große Kirchenjahr, Freiburg [2]1988, 180f). Dies wird besonders deutlich in den Situationen, in denen man mitten im Alltag total auf sich gestellt ist, eine existenzielle Entscheidung trifft, in etwas einwilligt oder etwas an sich geschehen lässt, das einem buchstäblich zugemutet wird, das heißt herausfordert, herausruft aus einer rein verstandesmäßigen Argumentation und Erklärung, worüber man meinte, souverän verfügen zu können. Hier fügt man sich, gehorcht.

Dazu noch einmal Karl Rahner: „Haben wir schon einmal gehorcht, nicht weil wir mussten und sonst Unannehmlichkeiten gehabt hätten, sondern bloß wegen jenes Geheimnisvollen, Schweigenden, Unfassbaren, das wir Gott und seinen Willen nennen?“ (Schriften zur Theologie 3, 106).

Durch diese extremen Situationen bekommt unsere überhebliche Selbstsicherheit Risse - wenn wir unsere Ohnmacht erfahren und diese akzeptieren; durch diese „Risse“ kann Gottes Geist in uns eindringen, kann Gott selbst zum Zuge kommen. Paulus drückt das mit den Worten aus: „Wenn ich schwach bin, dann bin ich stark“ (2 Kor 12,10).

Es sind Erfahrungen des Ewigen im Alltäglichen, es ist die „Mystik des Alltags“, ein Gott-Finden in allen Dingen - auch und gerade in den Herausforderungen und Zumutungen des Lebens.

- *Die Einsamkeit kann auch eine spezifisch „christliche Dimension" haben,* wie Madeleine erfahren hat. Gewiss, ihr außerordentliches soziales Engagement für die Menschen in ihrer Umgebung fand große Anerkennung. Bekanntlich machte sie in ihrer tatkräftigen Liebe keinen Unterschied zwischen gläubigen oder nicht-gläubigen Menschen.

Dies würdigten gerade die atheistisch-kommunistischen Mitarbeiterinnen und Mitarbeiter in ihrem Arbeitsbereich. Sie rief die verschiedensten sozialen Hilfsdienste ins Leben wie Kantinen, Bekleidungsstellen, Ausbildung und Leitung von sozialen Hilfskräften. Für diese zahlreichen Aktivitäten insbesondere während des Zweiten Weltkriegs sollte sie nach dem Krieg den Verdienstorden der *Résistance* erhalten. Madeleine lehnte ab mit der Begründung, dass sie nicht politisch motiviert, sondern allein aus christlicher Nächstenliebe gehandelt habe.

Aber Madeleine hat auch Ablehnung erfahren: Sie wurde ausgegrenzt, wenn sie sich aus christlichen Gewissensgründen nicht an bestimmten gemeinsamen Aktionen beteiligen wollte und sich dabei auf Jesus berief. In solchen Momenten fühlte sie sich sehr einsam, vor allem, weil sie das, was ihr am kostbarsten war, ihren Glauben, mit den Menschen, mit denen und für die sie arbeitete, nicht teilen konnte.

Es ist keine seltene Erfahrung, dass wir über das, was uns wichtig ist - und dies kann auch der Glaube an Gott sein, die Hoffnung auf ihn, die Liebe zu ihm, das, was Gott uns bedeutet -, nicht sprechen können. Oft nicht einmal oder gerade nicht mit Verwandten oder Freunden, mit Menschen also, die uns nahestehen. Das tut weh, das hat auch Madeleine erfahren. Doch in ihr wuchs immer mehr die Überzeugung, dass sich auch in dieser Art der Einsamkeit, des Alleinseins im Glauben, eine Chance bietet.

Sie deutet diese so harte Erfahrung als „Wüste“. Für die antiken geistlichen Väter und Mütter war die Wüste der Ort, an dem man von nichts abgelenkt und zerstreut wurde, um die Begegnung mit Gott zu suchen und zu finden. Die Kargheit der Wüste mit ihrer grenzenlosen Stille konnte zur Spur Gottes werden und in die Nähe Gottes führen: „Er erwartet uns schon“ (NK 62). So ist für Madeleine die Einsamkeit die Wüste, „von der der Herr gesagt hat: ‚Ich werde dich in die Wüste führen und dort zu deinem Herzen reden‘“ (vgl. Hos 2,16, in: Liebe 92). Mehrfach zitiert Madeleine dieses Wort des Propheten Hosea, um die Intimität der Begegnung mit Gott in der Einsamkeit zu verdeutlichen (vgl. auch NK 64).

Deshalb kann sie sagen: „Unsere Einsamkeit, mein Gott, besteht nicht darin, dass wir allein sind, sondern darin, dass DU da bist. Denn vor Dir versinkt alles andere … und alles wird DU!“

Und so liegt die „wahre Einsamkeit nicht in der Abwesenheit der Menschen, sondern in der Anwesenheit Gottes" (NK 62), wie sie immer wieder betont (vgl. z. B. NK 50).

Die Einsamkeit im Glauben ist eine Chance, sich allein und ausschließlich auf Gott auszurichten. Und *zugleich* wird die Einsamkeit im Glauben zur Chance, sich ganz auf die Menschen auszurichten. Wieder einmal zeigt sich, dass für Madeleine Gottesliebe und Nächstenliebe untrennbar sind:

„Alleinsein heißt nicht, die Menschen hinter sich oder im Stich lassen. Alleinsein heißt wissen, dass du groß bist, mein Gott, dass du allein groß bist ... und dass es keinen Unterschied gibt zwischen der unermesslichen Zahl der Sandkörner (in der Wüste) und der unermesslichen Zahl versammelter Menschenleben" (Gebet 115).

„Wüste" im tiefen, übertragenen Sinn kann man tatsächlich überall erfahren, auch inmitten einer Menschenmenge. „Durch die Wüsten der vielen Menschen macht der Christ sich auf, um seinem Gott zu begegnen" (Auftrag 167), der in der (Sand-)Wüste „nicht gegenwärtiger ist als im Maschinengetöse, in der hundertgesichtigen Menschenmenge" (Gebet 115). Hier hört man Madeleines ganz konkrete Erfahrungen mit vielen Menschen aus dem Pariser Arbeitervorort Ivry durch, von denen sie weiß, dass sie „ohne Gott leben".

Eine „missionarische Aufgabe“

Aus der erfahrenen Einsamkeit erwächst für Madeleine eine apostolisch-missionarische Aufgabe. Wer mitten unter den Menschen betet, „vermittelt“ gleichsam zwischen Gott und den Menschen. Wer seine Einsamkeit als Glaubender für das Gebet nutzt, wird zugleich zum Missionar: „Die Rolle der christlichen Einsamkeit wird wohl darin liegen, einen freien Durchgang für Gott zu schaffen, damit er die Welt befruchte“ (Frei 76) – durch uns!

Die Einsamkeit, egal wie groß sie erlebt wird, bekommt für Madeleine den Wert eines Sakraments: „Die Einsamkeit, die Gott dem Christen so oft in großzügiger Weise zu schenken weiß, … ist einer der tiefsten Risse, die dem Herrn und seiner Erlösung erlauben, durch uns hindurch in die Welt einzudringen“ (NK 55) – durch unser Glauben, durch unser Beten, durch unser Lieben.

Es geht also auch hier um apostolische Stellvertretung: „Hier um der Liebe zu Gott willen, weil er Gott ist, und um der Liebe zu den Menschen willen, weil sie ‚die Gott-losen‘ sind, in aller Entschiedenheit ein glaubender Mensch sein, das heißt das Gegengewicht zum Unglauben auf sich nehmen, das heißt, sich der allerdringlichsten apostolischen

Aufgabe … zur Verfügung stellen, nämlich der Stellvertretung" (Auftrag 159).

Und sie fordert auf: „Glauben im Namen der Welt, Hoffen für die Welt, Leiden anstelle der Welt" (Frei 14). „Dies verleiht in besonderer Weise Anteil am Kreuz des Herrn, an seinem Leiden, an ihm selbst" (Auftrag 176). Anteil an Jesus Christus selbst, wenn wir uns dieser Aufgabe zur Verfügung stellen! Lassen wir uns von diesem Gedanken ergreifen.

In dem folgenden Text hat Madeleine die apostolisch-missionarische Aufgabe des Christen schwungvoll und leidenschaftlich zum Ausdruck gebracht. Madeleine sieht sich und ihre Weggefährtinnen als „Missionare am Ort" (so der Titel der Meditation). Ihr Wirkungsfeld sind „die Länder ohne Gott", die auf keiner Landkarte zu finden sind: der Bürgersteig, die Bushaltestelle, die Metro, das Wohnviertel, der Arbeitsplatz.

„Oben an der großen Treppe zur Metro schauen wir, wir Missionare im Kostüm oder im Regenmantel, von Schritt zu Schritt zur Stoßzeit über eine Fläche aus Menschenköpfen hin, eine bebende Fläche … Mützen, Hüte, Haare jeglicher Farbe. Hunderte von Köpfen. Hunderte von Seelen. Wir ganz oben.

Und weiter oben und überall: Gott. Gott überall: Aber – wie viele wissen das?

Gleich ... steigen wir in die Metro ein. Dann sehen wir Gesichter, Stirnen, Augen, Münder. Die Münder einzelner Menschen, ganz unverhüllt: manche geizig, andere unehrlich, wieder andere böse; gierige Münder oder gesättigte, mit aller Nahrung dieser Welt gesättigte Münder – so wenige, so wenige haben die Form des Evangeliums. Bald, nach der Ankunft, werden wir im Dunkeln in der frischen Luft auftauchen und die Straße hinuntergehen, die uns heimführt. Im Nebel, im Regen oder im Mondenschein werden wir anderen Leuten über den Weg laufen und sie ... von Geld, von Beförderungen, von Angst und von Streitereien reden hören: nie, fast nie von dem, was unsere Liebe ist.

Rechts und links ganz schwarze Häuser mit kleinen Lichtstreifen, die uns sagen, dass es in all dem Dunkel lebendige Menschen gibt ... Wie wenig Licht gäbe es, wenn überall dort ein kleines Licht leuchtete, wo jemand betet."

Und sie fährt fort, wieder das Bild der Wüste aufgreifend:

„Ja, wir haben unsere Wüsten – und die Liebe führt uns hinein ... Inmitten der Masse, ... zusammengedrängt zwischen so vielen Leibern, auf unserer Sitzbank, wo uns drei Unbekannte Gesellschaft leisten …

Der Heilige Geist, der ganze Heilige Geist in unserem armen Herzen; die Liebe, so groß wie Gott, die in unserem Herzen schlägt wie ein Meer, das sich mit aller Kraft befreien will, sich ausdehnen will, einströmen will in all diese undurchdringlichen und ausweglosen Wesen hinein. Wenn wir von Straße zu Straße eilen, in jeder Metro sitzen, alle Treppen hochsteigen, Gott überallhin tragen: Es wird doch wohl hier und da eine Seele geben, die ihre menschliche Verwiesenheit auf die göttliche Gnade bewahrt hat, die vergessen hat, sich in Gold oder Zement zu panzern.

Und dann: Beten, beten, wie man inmitten der anderen Wüsten betet; beten für all diese Menschen, die uns, die Gott so nahe sind.

Missionen der Wüste, … in denen man Gott mitten in der Welt sät, in der Gewissheit, dass er irgendwo keimen wird, denn: Wo keine Liebe ist, pflanzt Liebe, und ihr werdet Liebe ernten“ (NK 54–56).

* * *

Fragen an uns

Wie gehen wir um mit unseren Einsamkeiten?

Kennen wir die Erfahrung, dass Gott uns gerade darin nahekommt?

Ergreifen wir die Einsamkeit als einen Anruf und als Chance?

Sind wir uns der Möglichkeiten bewusst, „Missionare in den Wüsten unserer Welt“ zu sein - durch Gebet, durch ein offenes Herz, durch jede konkrete Geste der Liebe?

* * *

Gebet

Guter Gott!
Jeder von uns kennt schwierige Lebenslagen,
Einsamkeit,
Unverständnis,
Ablehnung.

Dein Sohn, unser Herr Jesus Christus,
blieb davon nicht verschont:
Von seinen Freunden, die er liebte,
wurde er nicht verstanden und verlassen;
von den Menschen, denen er Gutes tat,
wurde er abgelehnt und gekreuzigt.
So ist er uns, so ist er allen Menschen ganz nah,
so hat er Heil, Erlösung erwirkt
und uns eine neue Beziehung
zu dir, unserem Vater, aufgetan.

Guter Gott,
wir bitten dich um deinen Heiligen Geist,
wenn wir in die Wüste der Einsamkeit
geführt werden,
damit wir sie als Chance erkennen
und nutzen,
dir und den Menschen näherzukommen.

VI

„DIE LIEBE IST UNSER LEBEN, DAS ZUM EWIGEN LEBEN WIRD“

Auf die Frage: „Glauben Sie an das ewige Leben?“ antworteten in einer repräsentativen Umfrage schon vor Jahren etwa 40 Prozent der Deutschen mit Ja, ein Drittel mit Nein, und 27 Prozent sagten, sie wüssten es nicht. Vielen, ja immer mehr Menschen fällt der Glaube an ein Leben nach dem Tod schwer.

In seiner zweiten Symphonie, der sogenannten „Auferstehungssymphonie“, vereint der Komponist Gustav Mahler zum Schluss Orchester, Chor und Solostimmen zu einem beeindruckenden religiösen Bekenntnis: „Sterben werd ich, um zu leben! Sterben werd ich, um zu leben!“ Auf überwältigende Weise drückt er mit der Musik seinen festen Glauben an das ewige Leben aus.

Einen solchen Glauben vermittelt Madeleine Delbrêl auf faszinierende Weise - mit ihrem ganzen Leben. Für sie wie für Mahler erschöpft sich der Glaube an das ewige Leben nicht in einem dogmatischen Glaubenssatz, in dem es bloß um das Jenseits zu gehen scheint. Nein, das „ewige Leben“ lässt das Diesseits keineswegs unberührt. Der Komponist macht in der Alt-Solostimme deutlich, dass nichts in unserem irdischen Leben vergebens ist, sondern alles für das ewige Leben Bedeutung hat: „O glaube, mein Herz, o glaube, es geht dir nichts verloren! Dein ist, was du gesehnt, dein, was du geliebt, was du gestritten! O glaube, du warst nicht umsonst geboren! Hast nicht umsonst gelebt, gelitten! Was du geschlagen, zu Gott wird es dich tragen!“

„Was du geschlagen ...“, das heißt, was unser Herz geschlagen; jeder Herzschlag in unserem Leben – ob zitternd in Angst oder bebend in Liebe, ob klagend in Not oder jubelnd in Freude –, jeder Augenblick ist von Bedeutung: „... zu Gott wird es dich tragen“.

Einbruch der Ewigkeit

Auch Madeleine ist davon überzeugt: Nichts von dem, was in unserem konkreten Leben geschieht, geht verloren; alles hat Bedeutung für das ewige Leben.

Doch sie geht einen Schritt weiter. Sie schaut nicht nur vom Zeitlich-Irdischen auf das Ewige, sondern auch vom Ewigen in das Zeitliche. Madeleine ist überzeugt, dass Glaube, Hoffnung und Liebe uns „schon in dieser Welt zum ewigen Leben führen, ja ins ewige Leben einführen und uns darin existieren lassen“ (NK 203).

„Unser Glaube will uns in der Zeit Ewiges vollbringen lassen. Wir sollen einwirken auf die Ereignisse unseres Lebens, unserer Geschichte, um aus jeder vergänglichen Episode ein ewiges Ereignis zu machen. Und ein solches nicht nur für uns selbst, sondern für die Menschheit“ (ebd. 207).

„Unsere Hoffnung zielt das ewige Leben an … Ihre Aufgabe ist nicht, uns auf Erden Geduld beizubringen, um auf eine Ewigkeit zu warten, die für nach dem Tod in Reserve gehalten wird … Die Hoffnung hat in unserem … Leben eine gewaltige Tat- und Wirkkraft. Sie erlaubt uns, im Kleinkrieg noch so winziger Anstrengungen, Mühen und Kämpfe die Umstände oder Ereignisse unseres Lebens in ewige Ereignisse umzuwandeln“ (NK 229).

„Die Liebe ist unser Leben, das zum ewigen Leben wird!“ (Gebet 125).

Wir können also sagen: In der Bewältigung des konkreten Alltags mit seinen Gegebenheiten und Umständen, Anforderungen und Herausforderungen, Aufgaben und Pflichten – das heißt: hier in unserem irdischen Leben – beginnt schon ewiges Leben. Denn durch den Glauben an Gott, den Ewigen, durch die Hoffnung auf ihn, den Lebendigen, durch die Liebe, die uns teilhaben lässt an der Liebe, die Gott selbst ist, bricht das ewige Leben in die

Zeit ein - und damit letztlich Gott selbst. Auf diese Weise erhält das menschliche Leben, selbst wenn es von einem noch so monotonen Alltag geprägt ist, eine neue, eine göttliche Dimension; denn es ist von göttlichem Leben durchtränkt.

So hat Madeleine ihren eigenen Schritt vom Unglauben zum Glauben bzw. das Geschenk des Glaubens, das ihr mit 20 Jahren zuteil geworden ist, erfahren: als Übergang „vom Tod zum Leben". Denn ohne Gott, so hat sie es als Ungläubige erlebt, ist das Leben dem Tod ausgeliefert. Doch „wer glaubt, der ist vom Tod zum Leben übergegangen" (NK 173f) - im Johannesevangelium (6,47) heißt es: „Wer glaubt, hat das ewige Leben" - er ist eingetreten in das Leben Gottes, der das „Leben allen Lebens" ist (NK 238).

Zeugen der Liebe, Zeugen Gottes werden

Das aber hat Konsequenzen: Wo Menschen an Gott glauben, dort reicht die Transzendenz in die Zeit, dort ist Gott ein Ort gesichert. Dort, wo einer glaubt, wo einer liebt, bilden sich Inseln der Transzendenz, „Inseln göttlicher Anwesenheit" (Frei 14) in einer ansonsten gottfernen, Gott gegenüber feindlich oder gleichgültig eingestellten Welt. Deshalb betont Madeleine: „Der Christ hat inmitten der Menschen zu leben" (NK 96); in einem Menschen, der glaubt und liebt, wird der Glaube konkret und real erfahrbar - in der Gestalt der Liebe. „Der Glaube ist da für die Liebe" (Gebet 110).

Deutlich wird dies in dem lateinischen Wort *credo* („Ich glaube"); abgeleitet von *cor do* („Ich gebe mein Herz"). Im Englischen haben *to love* und *to believe* (lieben und glauben) denselben Wortstamm.

Sehr wichtig ist Madeleine folgende Überlegung: „Das Leben, das der Glaube von innen verwandelt, wird ein Leben, das die Liebe Gottes kundtut und verwirklicht …, ein Leben, in dem die beiden Gebote [Gottes- und Nächstenliebe] untrennbar und unteilbar sind" (Gebet 109f); das heißt, der Glaube wird sichtbar in Taten der Liebe [vgl. Gal 5,6: In Christus Jesus kommt es darauf an, „den Glauben zu haben, der in der Liebe wirksam ist"].

Madeleines eigene Bekehrung war begleitet von der Entdeckung, dass Gott eine lebendige Wirklichkeit ist und der christliche Glaube etwas ganz Reales. Das verteidigt sie beharrlich gegenüber ihren atheistischen Nachbarn, die den Christen vorwerfen, sie seien „lebensverneinende und lebensfeindliche Idealisten“ (ebd. 245). Vielleicht haben auch wir uns schon Ähnliches anhören müssen: „Ach, du mit deinen Ideen, du mit deinem Idealismus, deinen Gedankengebilden über Gott, über ein Leben nach dem Tod. Das sind doch Hirngespinste!“ Vielleicht kann ich, können wir auch einmal mit Worten bezeugen: „Für mich ist der Glaube eine Realität; denn ich habe erfahren, dass Gott, an den ich glaube, wirklich existiert.“

Der Ursprung all dessen, was wirklich ist, die Wirklichkeit schlechthin, aus der alles Wirkliche entspringt, ist „eine lebendige Wirklichkeit“. Der Gott, mit dem wir in Beziehung treten können, ist der, der „im Anfang“ Himmel und Erde erschuf, wie es im ersten Satz der Bibel heißt. Er ist der Schöpfer von allem, was ist.

In seiner Enzyklika *Deus Caritas est* (Gott ist die Liebe) betont Papst Benedikt XVI., „dass die ganze Wirklichkeit, in der wir leben, auf Gott zurückgeht, von ihm geschaffen ist“, dass „der einzige, wahre Gott selbst der Urheber der ganzen Wirklichkeit ist, dass sie aus der Macht seines schöpferischen Wortes stammt“ (Kap. 9).

Ja, Gottes Wort ist ein wirkmächtiges Wort: „Gott sprach … und es wurde … Dann sprach Gott … So geschah es“. Dies zieht sich durch den gesamten Schöpfungsbericht.

Auf großartige Weise drückt der Gottesname JHWH die Wirklichkeit Gottes aus: Er ist der „Ich bin da“, der „Ich bin für dich da“.

Dieselbe Wirklichkeit des göttlichen Wortes spricht sich im menschgewordenen Sohn aus: „Und das Wort ist Fleisch geworden und hat unter uns gewohnt“ (Joh 1,14). „Denn Gott hat die Welt so sehr geliebt, dass er seinen einzigen Sohn hingab, damit jeder, der an ihn glaubt, nicht zugrunde geht, sondern das ewige Leben hat“ (Joh 3,16). Jesus Christus ist die fleischgewordene Liebe Gottes, unterstreicht Benedikt XVI.: „Das eigentlich Neue des Neuen Testaments sind nicht neue Ideen, sondern die Gestalt Christi selber, der den Gedanken Fleisch und Blut, einen unerhörten Realismus gibt“ (Kap. 12).

Mag der, der nicht an Gott glaubt, sich auch für einen „Realisten“ halten, so formuliert Madeleine Delbrêl kühn: „Gott ist ein noch unvergleichlich größerer Realist … Wenn wir einem falschen Idealismus entgehen wollen, brauchen wir keinen anderen Realismus als den Realismus Gottes, in den wir immer tiefer eindringen müssen. [Und das tun wir, wenn] wir … bei der Kirche in die Schule gehen, um von ihr die ganze Botschaft der Liebe zu empfangen, sie betrachten, auf sie hören und sie … in uns aufnehmen“ (Auftrag 185).

Auch hier meint „die ganze Botschaft der Liebe“ die Liebe zu Gott und die Liebe zu den Mitmenschen. In diesem Sinn erklärt Madeleine: „Unser Realismus besteht vor allem im … festen Willen, durch alles Handeln etwas Einzigartiges und Unersetzliches zu tun: Ernst zu machen mit der Liebe Gottes, mit der alles unermesslich wird, nicht nach dem Maß der Dinge, sondern nach den Maßen Gottes, die sich keinem menschlichen Maß fügen.“ „Das Maß der Liebe ist die Liebe ohne Maß!“, so hat es Franz von Sales gesagt. „Aus dieser einzigen Energiequelle … muss alles, was wir tun, … seine Lebenskraft schöpfen“, und durch uns soll es sich auf alle Menschen erstrecken:

„Alles muss bei uns zu finden sein: ein Glas Wasser, Brot für die Hungrigen, Nahrung auch im übertragenen Sinn und die Mittel, sie zu geben, ein Dach für die Obdachlosen, ein Besuch im Gefängnis und im Krankenhaus, Mitleid mit den Weinenden, indem wir mit ihnen weinen oder helfen, die Ursache ihrer Tränen zu beseitigen, Freundschaft für die Sünder und für die Unbeliebten, Nähe zu denen, die im Dunkeln stehen“ (Auftrag 185f).

Das ist der Realismus des Glaubens, der sich in ganz konkreten Taten der Liebe, in den sogenannten Werken der leiblichen und geistigen Barmherzigkeit zu erkennen gibt. Und wird darin „auch nur eine Spur der Liebe Gottes sichtbar", so gleicht sie doch „einem lauten Wort" der Verkündigung, so Madeleines Überzeugung (Auftrag 184); denn „in der Nähe eines Nichtglaubenden wird die Liebe zur Verkündigung" (NK 253). Ein wortloses Zeugnis kann mehr überzeugen als viele Worte.

Wie Liebe zur Verkündigung werden kann, das beschreibt Madeleine Delbrêl ganz realistisch und lebensnah. Gewiss, sie weiß, dass die Liebe letztlich ein Mysterium ist: Sie ist ein Geheimnis, „weil sie Gott ist und von Gott ausgeht". Doch keinesfalls darf das als Vorwand dienen, um dem „zu entrinnen, was die Übersetzung in unser menschliches Leben unter Menschen wäre, nämlich die Güte, wie Christus sie uns in seinem menschlichen Leben vorgelebt und gelehrt hat" (NK 231). Auf diese konkrete „Übersetzung" in eine gelebte Güte zu verzichten hieße, die Liebe zu verraten.

„Die Güte liegt außerhalb des Mysteriums, des Geheimnisses", sagt sie. „Vor ihr gibt es keine Ausflucht. Das Evangelium definiert sie, verdeutlicht sie, fordert sie unzweideutig" (NK 138). Denken wir nur an das Wort: „Seid barmherzig, wie euer Vater im Himmel barmherzig ist!" Das Evangelium ist voll von „Worten der Güte …, der Güte Jesu Christi" (NK 212).

Es gibt viele Beispiele einer Liebe, die konkret wird, etwa zwischen Freunden oder in der Gestalt der Liebe zwischen Mann und Frau oder zwischen Eltern und Kindern. Doch manches Mal bleibt sie ganz schön abstrakt. Man denkt oder sagt: Natürlich liebe ich die Menschen und alle Geschöpfe. Und wenn es einmal nötig wird, will ich mich auch für sie einsetzen. – Wie leicht ist dies dahingesagt: Ich will „mich verzehren für das kommende Reich, aber …" – Madeleine entlarvt den Selbstbetrug – „… aber nicht diese unerträgliche Kreatur anhören, die mir zum hundertsten Mal ihre winzigen Sorgen erzählt" (Gebet 121). Treffend stellt sie fest:

„Wenn es uns leicht scheint, alle Menschen zu lieben, so nicht selten deshalb, weil wir einfachhin vergessen, dass manche von ihnen existieren" (NK 242).

Güte als Gestalt der Liebe

Güte, dieses alte Wort, verdient nach Madeleine Delbrêl eine Aufwertung, weil es uns viel über die echte Liebe erschließen kann. Es ist uns in den letzten Kapiteln schon einige Male begegnet. Ich denke dabei nicht einfach daran, „freundlich nachsichtig" oder „wohlwollend hilfreich" zu sein, wie in einem Wörterbuch der deutschen Sprache als Erklärung für „gütig" steht.

Was ein wirklich gütiger Mensch bewirken kann, hat Papst Johannes XXIII. gezeigt. Eine Episode sagt mehr als viele Worte: Unmittelbar nachdem der Tod Papst Johannes XXIII. bekannt geworden war, kniete ein einfacher Arbeiter in seinem Blaumann auf dem Petersplatz nieder, schlug das Kreuzzeichen und wiederholte immer dieselben Worte: „Ja, er war ein wirklich gütiger Mensch!"

Madeleine Delbrêl beobachtet bereits in ihrer Zeit eine Abwertung des Wortes „Güte". „In unserer Welt ist nichts ungewohnter als ein menschliches Leben, das gütig ist", stellt sie fest. Güte wird ersetzt durch: „Solidarität, Großzügigkeit, Einsatz" (NK 138), durch „gute Maßnahmen der Gesellschaft für die Gesellschaft. Diese Maßnahmen kämpfen wirksam gegen das Leiden und erleichtern es. Aber sie ersetzen damit noch nicht die Güte", meint Madeleine. „Der Mensch wird zur Nummer 99 der Kategorie Z, unter Berücksichtigung von § A der Verordnung Nr. 7." Damit ist er Adressat einer „Maßnahme", aber nicht Empfänger von Güte! „Und für die Christen", stellt sie weiter fest, „ist die Güte oft auf die Stufe der Wohlanständigkeit abgeglitten; sie ist nicht mehr mit der Nächstenliebe verschmolzen“ (NK 250). Und ihr Resümee: So erstickt „das Herz des Menschen unserer Zeit … langsam und heimtückisch durch die universale Abwesenheit der Güte“ (NK 138).

Hingegen bewirkt die „Begegnung mit einem wirklich gütigen Mann, einer wirklich gütigen Frau bei den Mitmenschen etwas“, das über den Bereich des bloßen Verstandes hinausgeht: nämlich eine „echte, belebende Sauerstoffzufuhr für die Herzen. Diesem Menschen wird bewusst, dass seinem menschlichen Leben etwas Wesentliches zurückgegeben wird“ (NK 137). Er spürt, dass „er selber“ gemeint ist und „in seinem Eigenwert getroffen wird“ (NK 140).

Hier wird die Liebe, die Güte zur Verkündigung. Denn der wahrhaft Gütige lebt und handelt aus der Güte Gottes, die er selbst immer wieder neu an sich erfährt. Er weiß, wie sehr er auf die Barmherzigkeit Gottes angewiesen ist (vgl. NK 243). Die Güte ist ja „die menschliche Übersetzung des Mysteriums der Liebe“, erklärt sie. Sie ist dann „authentisch“ wirksam, wenn sie die Auswirkung der Liebe Gottes in uns ist, „wenn sie von Gott kommt und ein Widerschein“ seiner Liebe ist. „Deshalb kann eine einzige Tat wahrer Güte, die elementar mit Gott zusammenhängt, Menschen auf eine ihnen völlig unbegreifliche Weise zu Gott hin in Bewegung setzen“, ist sie überzeugt. Die Güte, dieser „sinnlich wahrnehmbare“ Ausdruck göttlicher Liebe, ist vielleicht „die wirksamste Kraft“ unter den Gleichgültigen und den Ungläubigen. Sie erreicht manchmal mehr als eine wortreiche Verkündigung, die viele gar nicht hören wollen. Unsere „realistische Güte“ ist das konkrete Zeugnis der Liebe Gottes, das in „die Augen, die Ohren, die Hände, in das Herz des Menschen“ dringt, der gerade vor uns steht oder dem wir uns zuwenden. „Ich bin davon überzeugt, dass dies in jeder Beziehung wahr ist“, fügt Madeleine diesen Überlegungen hinzu (vgl. NK 137-139).

Madeleine Delbrêl hat, wie viele Menschen aus ihrer Umgebung bezeugen, selbst entsprechend gelebt: „Wie oft denke ich an das einzigartige Wesen, das Madeleine war“, schreibt jemand nach ihrem Tod. „Ich glaube, es ist die Einsicht der Liebe, die sie am tiefsten charakterisiert. Man fand in ihr etwas, was so selten zu finden ist: jedem die Liebe, die Güte zu schenken gemäß dem, was er ist, gemäß seinem ‚Hunger‘“ (NK 11).

Es gibt ein Foto, das sie mit einem kleinen Mädchen zeigt, das mit einem Kreisel spielt (s. S. 113). Madeleine geht in die Hocke, auf Augenhöhe zu dem Kind und schaut es mit einem gütigen Blick so aufmerksam an, als ob es nichts Wichtigeres für sie auf der Welt gäbe.

Wir finden bei Madeleine Delbrêl wertvolle Anregungen, wie wir zu dieser Haltung gelangen können. Oft zitiert sie das Wort Jesu aus dem Matthäusevangelium (11,28f): „Kommt alle zu mir … und lernt von mir; denn ich bin gütig und von Herzen demütig.“ Jesus selber lädt uns also ein, zu ihm zu kommen und von ihm zu lernen. „Wir können diese Güte auch nur bei ihm und bei keinem anderen lernen“, betont Madeleine (NK 253). *Seine* Güte ist ja „die menschliche Übersetzung, das sinnenhafte Zeichen der göttlichen Liebe“ (NK 231; 212f). So wird „nichts auf der Welt … uns die Güte Christi schenken außer Christus selbst! Nichts auf der Welt wird uns Zugang zum Herzen unseres Nächsten verschaffen als die Tatsache, dass wir Christus Zugang zu unserem Herzen gewährt haben“ (NK 253).

Und dies kann sich immer wieder neu, in jedem Augenblick vollziehen: „Unterwegs, beim Kochen, zwischen zwei Besuchen oder abends vor dem Einschlafen können wir an die Pforte des Herzens Gottes klopfen, um dort in der Sanftmut unterrichtet zu werden, die allein sein Geist … in uns verwirklichen kann. Bitten wir ihn, uns zu lehren, was es heißt, genau so wie er und an seiner Stelle sanftmütig zu sein. Denn er ist in uns, und wir sind Lügner, wenn wir nicht gütig sind wie er. Er möge uns lehren, anderen zuzuhören, zu ihnen zu sprechen, sie anzusehen, mit seinen Ohren, mit seinem Mund, mit seinen Augen. So gehen wir auf ganz erstaunliche Weise in die Gesinnung seines Herzens ein“ (Liebe 43).

* * *

Fragen an uns

- Wie ist es um die Güte in unserem Leben, in unserer Gesellschaft bestellt?

- Wann haben wir zum letzten Mal Güte erfahren?

- Wann waren wir selber zuletzt wirklich gütig?

- Leben wir im Bewusstsein, dass Christus auch durch uns seine Güte in der Welt konkret werden lassen will?

* * *

Gebet

Madeleine Delbrêl hat auf die Kraft seiner Liebe in uns vertraut. Ihre meditativen Gedanken zur „Wüste der Liebe“, mit denen wir unsere Exerzitien beenden, sind eine Bitte an den Herrn, eine Bitte, die wir uns zu eigen machen können.

„Wird uns diese Liebe,
die in uns wohnt,
die in uns aufbricht,
nicht formen?“

„Herr, lass wenigstens diese Schale,
die mich bedeckt, kein Hindernis für dich sein.
Geh durch.

Meine Augen, meine Hände, mein Mund
sind dein.

Diese so traurige Frau mir gegenüber:
Hier ist mein Mund,
damit du ihr zulächelst.

Dieses vor lauter Bleichsein fast graue Kind:
Hier meine Augen,
damit du es anschaust.

Dieser so müde, so müde Mann:
Hier ist mein Leib,
damit du ihm meinen Platz gibst,
meine Stimme, damit du ihm leise sagst:
‚Komm, setz dich!‘

Dieser so eingebildete, glatte Bursche:
Hier ist mein Herz,
dass du ihn damit liebst …

Missionen der Wüste …,
in denen man Gott mitten in der Welt sät,
in der Gewissheit,
dass er irgendwo keimen wird, denn:

Wo keine Liebe ist,
pflanzt Liebe,
und ihr werdet Liebe ernten.“

(NK 54–56)

Abkürzungen (zitierte Werke)

Auftrag = Madeleine Delbrêl, Auftrag des Christen in einer Welt ohne Gott, Einsiedeln, Freiburg i. Br. 2000

Boehme I = Katja Boehme, Gott aussäen. Zur Theologie der weltoffenen Spiritualität bei Madeleine Delbrêl (Studien zur systematischen und spirituellen Theologie 19), Freiburg i. Br. 1995

Boehme II = Katja Boehme, Madeleine Delbrêl. Die andere Heilige, Freiburg i. Br. 2004

Boismarmin = Christine de Boismarmin, Madeleine Delbrêl. Mystikerin der Straße, München ^{3}2010

Frei = Madeleine Delbrêl, Frei sein für Gott, Einsiedeln 1979

Gebet = Madeleine Delbrêl, Gebet in einem weltlichen Leben, Einsiedeln ^{4}1974

Georgens = Otto Georgens (Hg.), Auf den Straßen der Welt verbirgt sich Gott. Hundert Worte von Madeleine Delbrêl, München 2020

Liebe = Madeleine Delbrêl, Die Liebe ist unteilbar, Einsiedeln, Freiburg i. Br. ^{2}2002

Mönch = Madeleine Delbrêl, Der kleine Mönch, Freiburg i. Br. ^{6}1986

NK = Madeleine Delbrêl, Wir Nachbarn der Kommunisten, Einsiedeln 1975

Schleinzer I = Annette Schleinzer, Die Liebe ist unsere einzige Aufgabe, Das Lebenszeugnis von Madeleine Delbrêl, Ostfildern 1994

Schleinzer II = Annette Schleinzer, Gott einen Ort sichern, Ostfildern 2002

Weitere Literatur in Auswahl

Gesamtwerke Madeleine Delbrêls:

Œuvres complètes Tome I–XVII, (Nouvelle Cité) Paris 2004–2018

Correspondence I/II, (Nouvelle Cité) Paris 2022/23

Zur Biografie Madeleine Delbrêls:

Gilles François / Bernard Pitaud, Madeleine Delbrêl. Die Biografie, übersetzt von Annette Schleinzer, München 2019

Annette Schleinzer, Die Liebe ist unsere einzige Aufgabe. Das Lebenszeugnis von Madeleine Delbrêl, Ostfildern ^{3}2006; aktualisierte Neuausgabe: Kevelaer 2019

Textsammlungen auf Deutsch:

Madeleine Delbrêl, Deine Augen in unseren Augen. Die Mystik der Leute von der Straße. Ein Lesebuch, hg. von Annette Schleinzer, München ^{3}2022

Madeleine Delbrêl, Alcide, der kleine Mönch. Gedankenblitze eines Gottsuchers, hg. von Annette Schleinzer, München 2020

Madeleine Delbrêl, Du lebtest, und ich wusste es nicht. Gebete und poetische Meditationen, hg. von Annette Schleinzer, München 2023

Über Madeleine Delbrêl:

Gilles François / Bernard Pitaud, Madeleine Delbrêl – Evangelium pur. Begegnungen, hg. und übersetzt von Annette Schleinzer, München 2025

Rosemarie Nürnberg, Anders beten. Impulse von Madeleine Delbrêl, München 2015

Annette Schleinzer, Madeleine Delbrêl – Prophetin einer erneuerten Kirche. Impulse für Realisten, München 2023

Dorothee Steiof, Verherrlichung Gottes. Madeleine Delbrêl und alttestamentliche Texte, Stuttgart 2013

Rosemarie Nürnberg im Verlag Neue Stadt

ANREGUNGEN
FÜR EIN ZEITGEMÄSSES BETEN

Rosemarie Nürnberg
Anders beten
Impulse von Madeleine Delbrêl

Heute beten?
Ja, aber wie und wann?
Madeleines Impulse sind eine Fundgrube von Anregungen.

144 Seiten, gebunden
ISBN 978-3-7346-1032-5

IMPULSE VON EINER
DER BELIEBTESTEN HEILIGEN

Rosemarie Nürnberg
Mut zur Einfachheit
Meditieren mit Therese von Lisieux

Therese von Lisieux (1873–1897) als Weggefährtin im Glauben:
- in ihrem Mut, in allen Höhen und Abgründen sie selbst zu sein,
- in ihrem großen Gottvertrauen,
- in der Ausrichtung auf das, was zählt: die Liebe.

Mit vielen Originaltexten.
128 Seiten, gebunden
ISBN 978-3-7346-1173-5

www.neuestadt.com

Madeleine Delbrêl im Verlag Neue Stadt

EINE BOTSCHAFT FÜR HEUTE

Annette Schleinzer
Madeleine Delbrêl –
Prophetin für eine erneuerte Kirche
Impulse für Realisten

Für alle, die sich Gedanken machen, wie es mit Kirche und Glauben weitergeht: eine Quelle der Hoffnung in Zeiten des Umbruchs – weil strukturelle Veränderungen allein nicht genügen.

256 S., geb., ISBN 978-3-7346-1329-6

MIT VIELEN ERSTMALS AUF DEUTSCH VERÖFFENTLICHTEN GEBETEN

Madeleine Delbrêl
Du lebtest, und ich wusste es nicht
Gebete und poetische Meditationen

Mit zahlreichen erstmals auf Deutsch zugänglichen Texten. „Es ist das, was für sie selbst einen besonderen Platz einnahm, Ausdruck ihrer eigenen im Alltag gelebten und erlittenen Beziehung zu Gott" (Annette Schleinzer).
152 S., geb., ISBN 978-3-7346-1324-1

EINZIGARTIGE ZEUGNISSE

Gilles François/Bernard Pitaud
Madeleine Delbrêl – Evangelium pur!
Begegnungen

Zeugnisse unterschiedlichster Menschen lassen etwas vom Geheimnis dieser außergewöhnlichen Frau erahnen.
Der zweite Teil handelt von ihrer Initialbegegnung mit jenem Gott, den sie als Siebzehnjährige für tot erklärt hatte.

180 S., geb., ISBN 978-3-7346-1354-8

www.neuestadt.com